出版社は、
どう作り、どう売る
のがいいか

電子書籍の制作と販売

著●沢辺均
SAWABE Kin

ポット出版

●目次●
電子書籍の制作と販売
出版社は、どう作り、
どう売るのがいいか

はじめに…………6

紙本を出版したら
電子書籍にして販売する、
これが基本…………8

なぜ、紙本を出版したら
そのまま電子書籍を制作する
といいのか…………10
・著者許諾を紙本の許諾・契約と同時にできる
・紙本と同時発行なので校正を省力化できる
・組版アプリのデータを容易に準備できる
・テキストをデータで残すことができる

電子書籍制作のコストと、
だれにつくってもらうのが
いいか…………14
・制作コストは3〜5万円程度が一般的
・社内でつくるか、外注するか

電子書籍制作の依頼と
データなどの準備を
どうするか…………17
・フォーマットはEPUBがいい
・リフロー形式とフィックス形式のどちらを選ぶか
・EPUBをつくるために必要なデータはなにか
・EPUB制作のための仕様はどうすればいいのか

資料編
資料❶　電子書籍の市場……46
資料❷　電子書籍のフォーマット……48
資料❸　電子書籍の販売所……50
資料❹　電子書籍の販売状況……54
資料❺　電子図書館……56
資料❻　電子書籍契約を含んだ出版契約書……60

電子書籍の デザイン・組版を どうするか…………21	・タイトルが読める表紙デザインにする ・小見出しや本文の大きさ、フォントを決める ・本文組版に紙本テクを活用する ・電子書籍の表組みと図版には注意する
電子書籍の 書誌情報は どうなっているのか…………24	・電子書籍に必ずJP-eコードをつけておくのがいい ・電子書籍のISBNを取得する ・電子書籍にも必ず奥付をつける ・EPUBメタデータも校正する
電子書籍の 流通・販売を どうするか…………29	・直接取引か、電子取次を介するか ・紙本の取次と電子書籍の取次は、どう違うか ・正味の実態はどうなっているか ・販売価格はどうつけるか ・電子書籍は再販対象商品ではないとされている ・割引キャンペーンの負担はどこがする？
電子書籍の 著作権契約と印税を どう設定するか…………35	・著作権契約は紙本と区別して設定する ・印税率は何をベースにするか ・印税の振込み最低金額を設けるか
電子図書館への 電子書籍の販売は どうなっているか…………38	・図書館で利用される電子図書館システムとは ・電子図書館への販売方法にはどんなものがあるか ・図書館への販売価格をどうするか ・フォーマットは同じEPUBでOK
プリント・オン・デマンド ＝PODについても 考えておこう…………41	・プリント・オン・デマンドのつくり方 ・プリント・オン・デマンド本の販売方法

はじめに

「電子書籍を出すとしたら、どうしたらいいですか?」小零細出版社の人から、しばしばそう聞かれる。そういうとき、いつも「こんなやり方もあります」「あんなやり方もあります」と、網羅的に答えてしまっていた。自分の知りうる限りを伝えておきたいという思いから、そして、主観で語ることで可能性を限定しないようにという思いからだ。

しかし、こうした網羅的な説明は、電子書籍をめぐる状況や方法などを熟知していなければ、実はわかりづらい。この説明を理解できる相手なら、「電子書籍をどうすればいいか?」とは聞いてこないだろう。

なので、本書では独断的に「こうやるのがいいと思う」ということを思い切って書くことにした。むしろそのほうが、読み手の「でもこうしちゃダメかな?」という疑問をはっきりさせやすい、と考えたからだ。

ぼくは30年近く、ポット出版という小さな出版社をやってきた。多いときで年間30冊、だいたいは年間10冊前後の紙本の単行本を刊行している。

最初に電子書籍を販売したのは2000年代はじめごろ。『デジタル時代の出版メディア』(湯浅俊彦・著 ISBN978-4-939015-27-4)という紙の本を、.book(ドットブック)フォーマットで、販売もボイジャーという.bookフォーマットをつくったところの電子書店だけで、本当に「お試し」してみただけだ。

その後2010年から、複数冊の電子書籍の販売を実験的に始めた。

このころは、ガラケーでの漫画の販売が盛り上がっていたが、「文字モノ」の本はまだまだという感じ。とにもかくにも、まずは将来のための実験やノウハウの蓄積が目的で、フォーマットは.bookを採用していた。

その後、縦書きなどがサポートされたEPUB3が登場し、2012年には楽天KoboとAmazon KindleでEPUBフォーマットの電子書籍の販売が開始されたこともあって、それまでの.bookやXMDFという日本で生まれた規格から、EPUBという国際規格の採用が広がっていった。

ポット出版も2012年ごろから電子書籍のフォーマットをEPUBにし、紙

の本と同時に販売する電子書籍販売を本格化させた（紙の本と電子本を同時に販売することを「サイマル出版」と言う）。

その間、ぼく自身は、出版デジタル機構の設立に関わったり、経済産業省の「コンテンツ緊急電子化事業（緊デジ）」の実務を担ったり、その後、緊デジでの電子書籍の知見の継承や課題の解決のために、「電書ラボ」という研究グループで活動してきた。

今日、大手・中堅出版社のかなりの本は、紙の本と同時に電子書籍でも発行されるようになったが、多くの小零細出版社ではまだまだ電子書籍がつくられず、販売されていない。

しかしぼくは、小零細出版社でも、可能な限り自社の本を電子書籍のかたちにして、多くの電子書籍で販売していくことが必要だと感じている。

確かに、電子書籍販売が、すぐに売上や経営に大きく貢献することはないだろう。

それでも、いまつくるべきだ。

それは、未来への欠くことのできない準備だと思うからだ。

紙本を出版したら
電子書籍にして販売する、
これが基本

電子書籍は、最近あまり大きな話題にならないけれども、しかししっかり定着しているようだ。
電子書籍市場の売上はコミックがその多くを占めてはいるものの、電子出版の市場規模は出版全体の1割を超える売上シェアを占める（雑誌も含めてだが）までに成長している。

しかし、初版刷り部数が数百から2〜3千部の小零細出版社ではまだまだ電子書籍発行が進んでいない、という印象だ。

ぼくは、少部数の出版が多くを占める小零細出版社こそ、積極的に電子書籍に取り組むべきだと思っている。そして、「紙本の新刊発行と同時に、外注で『電子書籍』をつくり始めるのがいい」と考えている。制作費用は数万円でできるのだから。

ちなみにここで述べる「電子書籍」とはあくまで紙本を電子書籍にすることを前提にしている。
もちろん電子書籍は、紙本を電子化するものだけではない。
「ボーンデジタル」といって、紙本はださずに電子書籍だけを発行することもできる。
紙本の「体裁」を電子化するだけではない、電子書籍の利点を活用した、「新しい形の本」をつくることも、論理的には可能だ。例えば数年前の電子書籍ブームのときに、小説家の村上龍が、音楽と連動した小説を電子書籍「歌うクジラ」としてアプリにして発行したように。

だが、ボーンデジタルは広まっていない。なぜなら、ほとんどの場合売上が見込めないからだ。自費出版のような、世に出したい、誰かに読んで、見てもらいたいという作者の思いを実現する方法のひとつとして、

印刷代などのコストをかけない手軽な「ボーンデジタル」は、ある程度は広まっているけれど。
現在販売されている多くの電子書籍は、紙の本を元にしたものである。これであれば、編集費や校正費など、本をつくる作業コストはほぼ紙の本でまかなうことができ、実質、電子書籍制作費だけのコスト負担ですむ。
一方、ボーンデジタルの電子書籍はすべてのコストがイチからかかる。電子書籍で編集費や校正費などをまかなわなければならず、それなりに売上が見込めないと、なかなか取り組みづらい。
紙の本にとらわれない、新しいカタチの電子書籍で、かつ売上が十分見込めるものは、まだまだ誰も提示できていないのだと思う。

なのでいきなりそうした新しいカタチをめざすよりも、まず、今ある電子書籍のカタチ・スタイル・方法に取り組み、慣れていくのが、小零細出版社にとっていい方法だと今のところは思っている。

なぜ、紙本を出版したら
そのまま電子書籍を制作する
といいのか

なぜ、紙本発行と同時に電子書籍をつくるのがいいのか？
その理由は、著者許諾を得やすい・校正を省力化できる・データの準備が容易にできる、からだ。

●著者許諾を紙本の許諾・契約と同時にできる
電子書籍を発行する際には、紙本発行の許諾とは別に電子書籍発行の許諾を著者から得なくてはならない。
紙本を発行したほぼ同時期に電子書籍をつくるなら、紙本発行の許諾・契約と同時に電子書籍の許諾・契約もできる。
しかしそれが数年前に発行した紙本であるなら、「久しぶりに」著者に連絡をして、電子書籍発行の許諾を得る必要がある。ときには訪ねて行かなければならない。
あらためて許諾を得る労力は何倍、何十倍になってしまうのだ。
紙本の発行と同時に電子書籍制作を「する」と決めて、同時に許諾・契約を得ることができれば、その労力が省ける。

ところで、著者のなかには電子書籍に否定的な人もいるだろう。出版社によっては、著者が納得するまでねばって交渉するところもあるようだが、ポット出版では、説得は一切しない。著者がやりたくないのなら、深追いはせず発行しない、までだ。

電子書籍の契約としても利用できる出版契約書のひな型には、日本書籍出版協会版［書協版］と、日本ユニ著作権センター版［ユニ版］がある。ポット出版はユニ版を元に、改変して利用している。

●紙本と同時発行なので校正を省力化できる
紙本発行時に電子書籍制作をするなら、紙本の制作でなんども校正

した直後なので、校正は省力化できる。あらためて素読みなどをする必要はないと思う。
電子書籍での校正ポイントは、段落ごとごっそり脱落していないか、レイアウト（表示）がおかしくなっていないか、全ページをざっとめくってみて確認するだけでいい。

これが何年か前に発行した紙本を電子書籍にするとなると、ついついあらためて素読みくらいはしたくなってしまうのが編集者のサガではないか。この労力、時間はもったいない。同時発行は、こうした手間を減らすことができる。

●組版アプリのデータを容易に準備できる
紙の本から電子書籍をつくる場合、そのデータは、最終の組版アプリのデータを利用するのが一番いい。紙の本をつくる過程で、何度も構成を考え直し、校正を繰り返し、そのまま印刷して発売できるレベルにまで完成させているのだから。

さて、その組版アプリのデータだが、過去のものであればあるほど（古くなれば古くなるほど）、電子書籍化するにあたってはリスクが増える。
組版を外注している場合、外注先の組版所や印刷所に、組版アプリの最終データの提供を依頼することになるわけだが、数年前につくった本のデータとなると、「保存」しているデータを「探し出し」てもらう手間がかかる。その場合は、データ提供料金を請求される場合もある。過去の出版社と印刷所の関係では、フィルムの所有権を巡って訴訟もあったと聞く（たしか、フィルムは印刷所が所有権を有するという判例が出ていたはずだ）。
紙本をつくったときに同時に組版アプリの最終データを無料で提供してもらう、と事前に取り決めておけば、コストもかからずにすむ。

次に、過去のデータの場合、それが使えるかどうかという問題もある。
InDesignやIllustratorなどでつくられた組版アプリデータの場合は、アプリ（OSも）のバージョンアップによって、数年後は同じように読み出せなくなっていることが多い。
ハードディスクやメディアの物理的な故障や破損もあり得る。

何年かたった後に、データとして取り出してみたら使えなかったり、文字送りがずれてしまっていたり、ということがままあるし、時間がたてばたつほどそのリスクは高くなる。

●**テキストをデータで残すことができる**

電子書籍制作をすることで、テキストをデータで残せるという、付随的なメリットもある。

リフロー型のEPUBファイルというのは、ホームページをつくっているHTMLというファイル形式に限りなく近い（EPUBではXHTML）。

HTML（Hyper Text Markup Language）とは、ウェブブラウザというアプリに、文字の大きさ、表示場所などの指示（タグ）を入れた、ファイル形式のことだ。

HTMLについて、簡単に説明してみよう（EPUBやリフローについては後述する）。【図表1】

ウェブブラウザ（Interner ExplorerやSafariやChromeなど）の画面上で右クリックしてほしい。「ソースを見る」を選択してみると、<h1>などといった半角山カギでとじられた「呪文」のようなものが見られる。

「h1」というのはタイトルの体裁の1つめという意味。

</h1>の/は、ここで終わるよ、っていう意味の記号だ。この<>で囲まれたものが「タグ」と呼ばれる。

例えば、<h1>版元ドットコム</h1>、という記述があるとする。これは、版元ドットコムというタイトルを「1つめに規定した大きさ・太さ・字体で表示しなさい」という意味になる。

タグは、その前後の文章の要素（タイトルとか本文とか）や体裁を指定して、ブラウザアプリに命令するもので、その間に挟まれた文章の見え方を規定する。

だから、<>で囲まれたタグを全部取り払えば、その本の文章（テキスト）そのものが残ることになる。

将来、その本のテキストを利用しようとしたとき、文章そのものの「バックアップ」となるのだ。しかも、InDesignなどの組版アプリに依存しない、TXTという、一番汎用性が高く、「原始的」なデータとして保存しておけることになる。

画像もJPEG形式となるので、保存しやすい。
JPEGは、圧縮する機能を併せ持つファイル形式なので、少々劣化したものにはなる。しかし、EPUBファイルのなかにひと通り組み込まれるので、一つのファイルに保存でき、散逸することもなく、取り出すことが容易だ。
ただし印刷用として使う画像データとしては頼りない。解像度・サイズ・圧縮の問題があるからだ。
画像はスキャンや撮影した元データを保存しておくのに越したことはないのだが。

EPUBは、こうしたテキストデータや画像データやメタデータなどをまとめて、特殊な「圧縮」をしたものだ。テキストデータや画像データを取り出したいときは、拡張子を「.epub」から「.zip」に書き換えればいい。このzipファイルを解凍すると、下の階層に「image」「xhtml」などの名称がついたファイルが現れる。【図表2】

【図表1】
EPUBは、Webサイトで使われるHTMLと同じように、< >で閉じられたタグと言われる「命令」(直訳では荷札などの意味)で、表示などをコントロールしている。

```
1: <?xml version="1.0" encoding="utf-8"?>
2: <!DOCTYPE html>
3: <html xmlns="http://www.w3.org/1999/xhtml" xmlns:epub="http://www.idpf.
org/2007/ops" xml:lang="ja" class="vrtl">
4: <head>
5: <meta charset="UTF-8" />
6: <link rel="stylesheet" type="text/css" href="../style/book-style.css"/>
7: <title>同性パートナーシップ証明、はじまりました。</title>
8: </head>
9: <body class="p-text">
10: <div class="main">
11: <h2 class="oo-midashi" id="toc-3A03ACDA4048-4321-875E-
AC1F2EACBFA3">渋谷区の場合</h2>
12: <h3 class="naka-midashi" id="toc-703AD7637E95-4E9B-A3D2-
0DE56E1F27A0">すべては、<br />いくつかの出会いから<br />始まった</h3>
13: <p><br /></p>
14: <p>　2015年<span class="tcy">3</span>月<span class="tcy">31</span>日
</p>
15: <p>　渋谷区議会第<span class="tcy">1</span>回定例会本会議において、「渋
谷区男女平等及び多様性を尊重する社会を推進する条例」が賛成多数で可決、成立し
た。施行日は2015年<span class="tcy">4</span>月<span class="tcy">1</span>日
と決まった。</p>
16: <p>　この条例は「性別等にとらわれず、多様な個人が尊重され、一人ひとりがその
個性と能力を十分に発揮し、社会的責任を分かち合い、ともにあらゆる分野に参画できる
社会の実現」を目指したものであり、「男女の人権の尊重」「性的少数者の人権の尊重」
などと並んで、「パートナーシップ証明」が主な項目として盛り込まれた。</p>
17: <p>　パートナーシップ証明とは、同性カップルを「結婚に相当する関係」と認め、区
が証明書を発行するというものである。</p>
18: <p>　海外に目を向けると、1980年代末からパートナーシップ法<span class="font-
085per">(男女の婚姻とは別に、婚姻関係にある夫婦に認められている権利の全部もし
くは一部を、同性間のパートナーシップにも認め、保証するというもの)</span>が欧州各
国およびアメリカの一部の州に導入されはじめ、2000年代初頭から同性結婚を認める法
```

【図表2】
.epubの拡張子を.zipに変えて解凍したファイルの中。

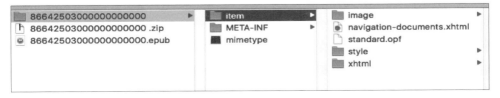

電子書籍制作のコストと、だれにつくってもらうのがいいか

●制作コストは3〜5万円程度が一般的

電子書籍を制作するコストはどれほどかかるのだろうか。組版アプリのデータからリフロー型のEPUBをつくる場合は、3〜5万円程度のようだ。

数年前に「緊デジ（コンテンツ緊急電子化事業）」という電子書籍制作の補助金事業（経産省）があった。ぼくはこの緊デジという事業で制作の部門を担当し、紙の本1冊からEPUBを制作する場合「リフローで3万円ちょっと、フィックスで1万円ちょっと」という基準費用を算出したのだが、それ以来これが電子書籍制作料金の「基準」のひとつとなってしまった。【図表3】

EPUBを実際につくる作業にも立ち会ったが、用意された「材料」（データ）の質次第で、手間のかかり具合が相当違ってくることがよくわかった。質のよい「材料」であったとしても、2、3日はどうしてもかかる。「材料」が悪ければ、手間・時間はさらにかかる。そう考えるとリフロー型のEPUB制作費が3〜4万円というのは、日当に直せば1万円前後にしかならない。コンビニのアルバイトよりちょっといいくらいなので、制作者は大変だ。

制作所からは「（EPUB制作料金を）安いほうに誘導した！」と評判は悪い。一方で、大手出版社ではさらに安い値段で発注している実態もあり、そちらも踏まえつつの決定だったのだが、たしかに「安すぎる！」と言われてもしかたない値段だと思っている。申し訳なかったとも思う。
と、まあ、EPUB制作料金にはこんな背景事情もあるわけだが、では実際に電子書籍制作にかかったコストは回収可能なのだろうか。

1タイトルの販売価格を1,000円、正味（販売価格のうち、電子取次から出版社に支払われる、価格に対しての割合）が50％、60ダウンロード（実際に売れた数）と仮定して出版社への入金額を計算してみる。

1,000円×50％×60ダウンロード＝30,000円となり、リフローの場合の制作費用、3万円ちょっととほぼ同額。つまり、1,000円の電子書籍を60ダウンロード販売すれば、制作の直接費用は回収できることになる（もちろん、この計算には印税が含まれていないし、編集費などは紙の本で償却しているとみなしているので、正確には100％回収できるとは言えないが）。
一度つくっておけば、何年も売り続けることができるのだから、60ダウンロード程度はそれほど無謀な数字とは思えない。電子書籍をつくっておくことは、コストの面からも成り立つと考えている。

●社内でつくるか、外注するか

次に、このEPUBは、だれがつくるのか。
社内制作はやめたほうがいい、というのがぼくの考えだ。
EPUBの制作はそれなりの知識と技術を必要とする。3〜5万円程度を節約するために、EPUBとその制作方法に習熟することより、本の企画・編集や営業・宣伝・広報に力を注いだほうがいい。それが結果的に手間とコストを削減することにつながると思う。

そこで、「どこに頼むのか」だ。
組版を印刷所・組版所に外注している場合は、まず、その印刷所・組版所にEPUB制作ができるかどうかを聞いてみて、もしできるのならばそこに頼むのが一番だ。
EPUBのリフローは、紙の本の組版・DTPの段階で、段落スタイルがきちんと設定されているかどうか、などが制作の効率を大きく左右する。同じ社内で、紙も電子も請け

【図表3】
緊デジ事業で示された制作料金。
決してこの金額で外注できると言いたいわけではない。これ以上の見積金額になっても、高いとは言い切れないと思っている。

●緊デジ事業　出版社向け電子書籍制作料金[改訂版]
2012.8.31　　　　　　　　　　　　　　　　　　　　　　　　税別

フォーマット	ファイル形式	ページ数	基本料金	特別料金
フィックス型	XMDF or .book or ePub3	500ページ以下	12,000円	3,000円
		501ページ以上	15,000円	4,000円
フィックス型 コミック料金	XMDF or .book or ePub3	500ページ以下	24,000円	6,000円
		501ページ以上	30,000円	8,000円
リフロー型	XMDF or .book or ePub3	500ページ以下	40,000円	10,000円
		501ページ以上	60,000円	15,000円
テキスト入力（追加料金）		1ページ	700円	―

・フィックス型、リフロー型ともにXMDF／.book／ePub3のいずれかを単体で制作した場合の料金です。
・特別料金とは、出版社独自仕様書にもとづいて制作する場合の加算料金です。
・XMDFもしくはbookと同時にePub3を制作する場合の料金は別途ご案内します。
・テキスト入力については、リフロー型の底本に個別のテキスト入力を行う場合の料金です。
（なお、テキスト入力を伴うリフロー型の制作は個別のご相談とさせていただきます。）
ご希望の場合は、緊デジサイトの問合せフォームにてお問い合わせください。
・テキスト入力代金（例）
　256ページの平均的単行本　179,200円（256ﾍﾟｰｼﾞ×＠700円）
・テキスト入力代は、内校を徹底してもらうように制作会社に依頼します。
　入力者自身の引き合わせ1回
　校正者（出版社が委託するレベル）による引き合わせ2回
　の内校を依頼します。

負っていれば、連絡もとりやすく、作業効率もいい。効率の良し悪しは費用に直接跳ね返る。

社内で組版をしている場合や、EPUBをつくれない印刷所・組版所で組版をしている場合は、EPUBだけでもつくってくれる印刷所、EPUB制作を主要な業務にする制作所に依頼すればいい。

ところで、印刷所・組版所にとって、リフロー型のEPUB制作はどのような仕事と受け止められているだろうか。あくまで注文者の立場から見た想像ではあるが「おいしい仕事」とは受け止めていないだろう。
紙本の本文組版を外注している場合は、200ページくらいのもので、制作費はおよそ10〜20万円あたりだと思う。
この金額に比べて、3〜5万円くらいのリフローEPUB制作は、印刷所・組版所にとって「おいしい仕事」ではない。むしろ、手間に比べてたいした売上にならない仕事だと思われる。EPUB制作「だけ」を外注されても、ほとんど利益のない仕事になってしまうのだ（EPUB制作専業社もあるが、その場合は継続的な取引で利益を上げる考え方なのだと思う）。
ではなぜ「EPUBもつくりますよ」というところがあるのか？
それは紙の本の印刷を受注するためだと思う。
紙本の組版・印刷とEPUB制作をセットでやるならば、受注総額全体のなかで、それぞれのコストをまかなうことができる。営業の訪問も一緒にできるので少しは効率的にもなるだろう。

電子書籍制作の依頼と
データなどの準備を
どうするか

●フォーマットはEPUBがいい

ここまで、さんざんEPUBを前提にして話を進めてきたので、今さらの感もあるのだが、電子書籍のフォーマットはEPUBで決まりだ。数年前まであった.bookなどのフォーマットは、すでにEPUBに置き換わっているので意味がない。
PDFは、まだ大学図書館を主な対象とする電子図書館向けシステムのフォーマットとして採用されてはいるが、一般読者向けの電子書店で販売できるところは少ない。
一般読者向けと公共図書館向けなら、EPUBだけをつくればいい。
大学図書館を主な販売対象とするなら、PDFをつくることになる。
小零細出版社としては、電子書籍市場の多くを占める一般読者向けと、大学図書館より館数が多い公共図書館の両方で販売できる、EPUBの電子書籍からつくりはじめるのがいいと思う。
さらに、EPUB（リフロー形式だけだが）は機械的に読上げもできるので、アクセシビリティーの点からも、EPUB（リフロー）がいい。

●リフロー形式とフィックス形式のどちらを選ぶか

EPUBには、リフロー形式とフィックス形式の二つの形式がある。【図表4】
文字中心のものは、画面サイズや文字サイズに合わせてテキストなどが「流動的」に表示されるリフロー、雑誌のようにページのレイアウトをそのまま再現したければ、常にレイアウトが「固定的」に表示されるフィックス、という基準で判断すれば、まず間違いはないだろう。

●EPUBをつくるために必要なデータはなにか

紙本の組版を外注している印刷所・組版所にEPUBをつくってもらう場合は、組版アプリのデータやその本につかわれた画像データ、印刷用に組版アプリから書き出したPDFなど、EPUBをつくるためのデータ

一式はすべて外注先の印刷所・組版所が持っているはずだ。したがって出版社が、なにか新たにデータを用意する必要はない。
ただし、奥付としてEPUBそのものに記述するデータ、メタデータとして埋め込む書誌情報、書影データは出版社が用意しなければならない。

社内で組版をしている場合や、EPUBをつくれない印刷所・組版所に組版を外注している場合は、EPUBをつくってくれる制作所に、出版社がデータ一式を用意して渡す必要がある。
制作所によって若干の違いはあるが、必要なデータのだいたいの目安を以下にあげてみよう。
組版アプリがInDesignの場合は、「パッケージ」として書き出したもの一式、InDesignから書き出したIDML、印刷用につくったPDFファイ

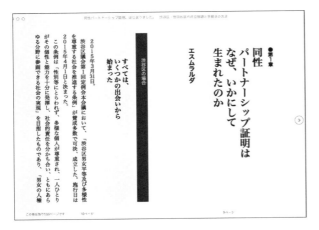

【図表4】
EPUBのリフロー型（上）と、フィックス型（下）の例。上のリフロー型は、ワープロソフトで読むようにTEXTデータそのものを読むもの。リフロー型は、文字サイズを大きくすれば、当然、一行の文字数が減って送り出される。下のフィックス型は、ページ丸ごと「写真（画像）」にして、1ページずつ見せるもの。

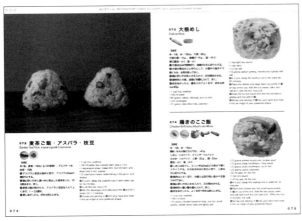

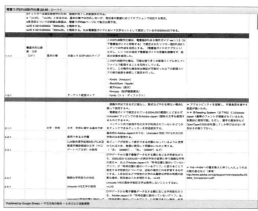

【図表5】
Web上で公開されている、EPUBの仕様。左は大手出版社がつくる団体、日本電子書籍出版社協会（電書協）のもの。右は筆者も参加している電書ラボのもの。電書協の仕様のサブセットとしてつくられている。これらの仕様の範囲でつくられたEPUBであれば、ほとんどの電子書店での販売が可能。

ル、メタデータとして埋め込む書誌情報、書影データ、奥付に記載するテキスト。おおむねこんなあたりである。

● EPUB制作のための仕様はどうすればいいのか

電子書籍をEPUBでつくる目的は、まず売るためだ。

電子書籍は、Amazon Kindleを始めとした電子書店で販売される。なので、Amazon Kindle・honto・BookLive!・Apple・楽天Kobo・Googleなどの主要電子書店で販売できるEPUBをつくる、というのが、仕様の一番大切なところだ。【図表5】

EPUBは世界基準の仕様だ。にもかかわらず、なぜ「Amazon Kindle・honto・BookLive!・Apple・楽天Kobo・Googleなどの主要電子書店で販売できるEPUB」と、わざわざ言わなければならないのか。

電子書店はそれぞれのビューアソフト（たとえばAmazon KindleのビューアはKindle、Appleの場合はiBooks、hontoならhontoビューアという）を持っている。各書店のビューアは、解釈できる「タグ」という命令語に少しずつ違いがある。だから、解釈に違いのある命令語を使わないようにするなどの工夫をしないと、どのビューアで読んでも表示が崩れないEPUBをつくることができないのだ。

もう少し身近な例に置き換えてみよう。Webサイトなどを見るためのソフトには、Internet ExplorerやSafariなど、いろいろなブラウザ（ビュー

アソフトとも呼ばれる）がある。

一昔まえには、同じサイトをInternet Explorerで表示するとレイアウトが崩れてしまうが、AppleのソフトのSafariだときれいに表示され、ちゃんと読めるということがよくあった。

電子書籍のビューアソフトの問題も、それと同じことだ。「IEとSafariとChromeで読めるようにする」というのと同じ意味で、「Amazon Kindle・honto・BookLive!・Apple・楽天Kobo・Googleなどの主要電子書店のビューアで表示できる（販売できる）EPUBにする」必要があるということだ。

それぞれの電子書店がそれぞれのビューアをつかって読ませるような販売方法をとっているのは、商品をコピーしてバラまいたりできないような仕組み（DRMという）にするためと言っていいだろう。

電子書籍の
デザイン・組版を
どうするか

●タイトルが読める表紙デザインにする

現在、電子書店のサイト上に表示される本の表紙は、だいたいマッチ箱程度の大きさだ。
そんな小さな本の表紙だからこそ、タイトル・著者名が読めることが特に大切になる。
考えてみると、紙本もネット書店で販売されるときは同様にマッチ箱程度の小ささになるわけで、本の表紙は紙・電子に限らず、小さくなってもタイトル・著者名が読める程度に大きくしておくことを今後は意識したい。

●小見出しや本文の大きさ、フォントを決める

小見出しや本文の大きさ、フォントの種類（ゴチック・明朝、太さなど）、ルビは中付きか肩付きか、などといった仕様はどうするのか？

電子書籍オペレータやプログラマたちと立ち上げた電書ラボ、という研究グループがある。
電書ラボでは、EPUBを効率的につくるためのツールや資料をサイトで公開しているのだが、その中に「電書ラボ制作仕様見出しテンプレート」というものがある。【図表6】
この「テンプレート」では、EPUBビューアでどう表示されるのか、フォントの種類、見出しの大きさ、色などを、シミュレーションすることができる。
これであらかじめ見出しなどの仕様を指定して、EPUB制作者に依頼すると便利だ。使ってみてほしい。

●本文組版に紙本テクを活用する

電子書籍の本文組版におけるデザインの余地は、小見出しのサイズ・

ゴチック明朝の書体・色・周辺の罫線、程度しかない。

デザインの余地は少ないが、紙の本で培われた組版テクニックは活用できると思う。

たとえば、一番小さな小見出しをゴチックにするとき、そのサイズを本文サイズよりひとまわり小さくするとか、小見出しを縦組みで下揃えにするとか、などだ。

ゴチックは明朝に比べるとひとまわり大きく見える書体が多く、本文と同じサイズだと微妙に大きい感じが落ち着かないから、と生まれた紙の本のテクニックだが、それは電子書籍になっても同じなので、こうしたテクは利用したほうがいい。

●電子書籍の表組みと図版には注意する

もう一つ留意が必要なのは表組みと図版だ。

まず、表組みは、画像にして貼り込むのではなく、できるだけテキストデータを使って表組みにするべきだ。表組みをテキストデータで作成しておけば、機械式読み上げ機能を使って目の見えない人にも音声で読み上げることができる。

ただし、テキストデータを使った表組みの弱点もある。小さなデバイスの画面で見たり、文字を極端に大きくした場合に、文字があふれて表の形が崩れて

【図表6】
電書ラボWebサイトで公開している「電書ラボ制作仕様見出しテンプレート」。どの見出しを指定すればどのように表示されるのかを画面上でプレビューできる。指定した仕様書もここからダウンロードできるので、EPUB制作会社への依頼時につかえて便利。

しまうことがあるからだ。

いっぽう、画像や図版は、表組みのようなテキスト化ができない。写真などはそもそもテキストデータではないし、図版は丸とか四角とかのかたちをテキストデータでつくれないからだ。

だが「オルト（alt）タグ」というものをつかうと、図版・画像を説明するタイトルやキャプション程度なら埋め込んでおくことができる。

「オルト（alt）」は「alternate：代用」という単語を略した言葉で、「オルトタグ」は図版・画像を言語化したもの。「画像が表示されないときに画像の代わりに表示されるテキスト」なので、図版のタイトルやキャプション・図の内容を言葉にして、オルトタグで埋め込んであれば、音声読み上げの際に、その説明文を読み上げてくれるようになる。

せめて、オルトタグを使って、どんな図版・画像が表示されているのか読み上げるようにしておくのがアクセシビリティーの観点から必要だと思う。

電子書籍の書誌情報はどうなっているのか

電子書籍の書誌情報について、いくつかポイントになることを書いておく。

●電子書籍に必ずJP-eコードをつけておくのがいい

電子書籍のIDナンバーとして、今後ISBNのような普及が期待されているのが、日本出版インフラセンター（JPO）が推奨しているJP-e（ジェイ・ピー・イー）コードだ。【図表7】

そもそも電子書籍はコミックが先行していた。早い段階でコミックを発行している出版社が「デジタルコミック協議会」を結成し、コミックの電子書籍を識別するためのJDCN（Japan Digital Comic Number）というコードをつくった。

JP-eコードはこのJDCNの付番ルールを、ほぼ踏襲してつくられている。

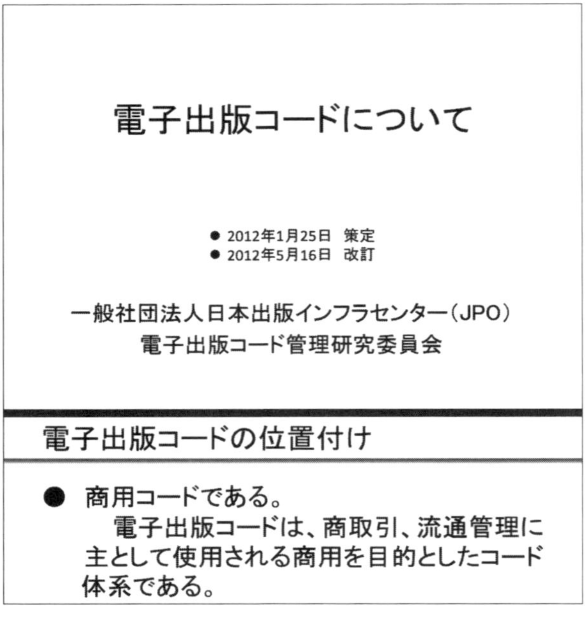

【図表7】
日本出版インフラセンター（JPO）が公開している電子出版コード（JPeコード）の資料。JPOのWebサイトの「出版業界資料集」で見ることができる。

電子出版コードについて

● 2012年1月25日 策定
● 2012年5月16日 改訂

一般社団法人日本出版インフラセンター（JPO）
電子出版コード管理研究委員会

電子出版コードの位置付け

● 商用コードである。
　電子出版コードは、商取引、流通管理に主として使用される商用を目的としたコード体系である。

JP-eコードは20桁で、ISBNの出版者記号＋書名記号の8桁と、出版者任意の記号・番号を割り振った12桁のコードで構成される。
このJP-eコードは、電子取次・電子書店全体に必ずしも普及していないし、EPUBを配信するときにつける電子書籍の書誌情報では任意のあつかいになっている場合も多い。
しかし、出版者としては必ずつけるようにするべきだ。それぞれの電子書籍を特定できるようにするためには、出版業界でスタンダードなIDナンバーが絶対に必要だからだ。
また、売上報告を統合して整理するためにも、タイトルを特定する一意のIDナンバーとその普及が必要だ。
JPOという業界団体で合意されたコードはその普及の一番の可能性を持っている。出版者としては、いまから「普及後」の準備をしておくのがいい。

日本インフラセンターでは、20桁のJP-eコードの最初の8桁に、底本にした紙本のISBNの出版者記号＋書名記号を振る、としている。しかし、ぼくは、電子書籍にも固有のISBNを付番したほうがいいと考えている。ポット出版の電子書籍のJP-eコードは、電子書籍固有のISBNをつけている。
ではそのあとの12桁はどんな番号を振るのがいいのか。ポット出版では、現在12個の0をつけているだけだ。いずれ時期をみて意味をもたせたものにしようかと考えている。

●JP-eコードの活用方法（私案）

```
0 0 0 0 0 0 0 0    0 0    0 0    0 0    0    0    0 0 0 0
❶                  ❷     ❸     ❹     ❺    ❻    ❼
電子書籍に          版     刷    ファイル形式 フォーマット フォント 分冊
振ったISBN                                    埋め込み
                                              有無
```

❶電子書籍のISBN（8桁）…出版者記号＋書名記号
❷版（2桁）…紙の「版」にあたる「バージョン」
❸刷（2桁）…同じ「版」で、文字修正程度の違い
❹ファイル形式（2桁）…
　D0＝ドットブック
　X0＝XMDF2〜3
　E3＝EPUB3
❺フォーマット（1桁）…
　F＝フィックス型
　R＝リフロー型
　H＝ハイブリッド型
❻埋込み有無（1桁）…
　0＝フォントエンベットなし
　1＝フォントエンベットあり
❼分冊（4桁）…
　0000＝底本から分冊していない
　0501＝5分冊のうちの01巻
　2216＝22分冊のうちの16巻
　gggg＝底本複数冊の合本

【図表8】
筆者私案のJP-eコード活用方法

いまのところぼくが考えているJP-eコードは、こんなものだ。【図表8】
最初の8桁には、電子書籍固有のISBNをつける。残りの12桁は、版、刷、ファイル形式、フォーマット、フォント埋め込みの有無、分冊。まだ試案段階なので、もう少しさまざまな人の意見を聞いたりして確定させようと思っている。

● **電子書籍のISBNを取得する**

前述したが、ぼくは、紙本と電子書籍では別のISBNを振るのがいいと考えている。

そもそも紙の本でも、改訂版などで、内容が変更になっているのであれば、個別のあたらしい本として識別できるようにするために、ISBNは新しく付番したほうがいい。

紙本では、誤字脱字などを修正して増刷する際は、たいてい「第一版第二刷」「第一版第三刷」と、刷りを増やしていく。
内容を大幅に書き換えたりした場合は「第二版第一刷」などと「版」を増やす。
増補版は「第二版」と位置づけ、ISBNはそのままにするか、あるいはISBNを新しく付番して「第一版」とするのか迷うところだが、増補以前の本のことを指すのか、増補以降の本のことを指すのかわかりやすく管理するためには、ISBNを新しく付番したほうがいいと考えている。
その考えからすると、電子書籍は、形態がまったくちがうのだから新しいISBNを付番するのがいいと思う。
ISBNの国際基準でも、電子書籍にISBNを付番するようにしている。
ISBNをつけていれば、紙も電子も一元管理ができるメリットがある。

横道にすこし逸れるが、最後の章で紹介しているプリント・オン・デマンド＝PODという印刷方法も活用され始めている。このPODにも新し

【図表9】 ISBNの出版者記号取得料金

出版者記号桁数	付番可能数	取得費用	料金内訳
7桁出版者記号	10	20,000	登録料18,000＋国際本部2,000
6桁出版者記号	100	34,000	登録料30,000＋国際本部4,000
5桁出版者記号	1,000	110,000	登録料100,000＋国際本部10,000
4桁出版者記号	10,000	320,000	登録料300,000＋国際本部20,000

いISBNを付番すべきだ。

ISBNの番号を使い果たすことになるのでは？といった心配を聞くことがあるが、出版者記号が4桁の出版者で1万タイトル、5桁の出版者で1千タイトル、6桁の出版者で100タイトルまで付番できる。毎月約1冊、年間約10冊の発行で、紙本・電子書籍・POD、の3つのISBNを使うとして、4桁出版者で333年、5桁出版者で33年間は発行し続けられることになる。6桁出版者では確かに3年ちょっとで使い果たしてしまうが、仮にISBNを使い果たしたとしても、日本図書コード管理センターに更新の申し出をすれば新しい出版者記号を取得するのは容易だ。費用も数万円ですむ。【図表9】

●電子書籍にも必ず奥付をつける

奥付も、紙本とは別につくり、電子書籍に書き加えておいたほうがいい。

ポット出版では、紙本の底本の奥付を画像にして貼り込んで「底本奥付」と表記してつけた上で、電子書籍の奥付も記入している。

これは発行物に、その状態と責任を明確に示しておくためだ。

ポット出版で発行している電子書籍の奥付の例を挙げておく。【図表10】

●EPUBメタデータも校正する

EPUBには、メタデータというものが埋め込まれている。【図表11】

【図表10】
ポット出版の電子書籍の奥付の例。

```
【電子版奥付】
タイトル：エンドレス・ゲーム【分冊版】
著者名：田亀源五郎
ISBN：978-4-7808-5189-2
JP-ecode：78085189000000000000
コンテンツ言語：JPN
海外配信地域：WORLD
発行日：2017年9月25日
R指定：R-18

底本ISBN：978-4-7808-0200-9
底本発行日：2014年6月17日
```

【図表11】
EPUBファイルは複数のテキストファイルをパッケージしたもので、その一つにopfファイルというメタデータを書いたファイルがあり、電子書籍の最終ページに表示させている。そのopfファイルの例（一部分）。

```
5:.<metadata xmlns:dc="http://purl.org/dc/elements/1.1/">
6:
7:.<!--作品名-->
8:.<dc:title id="title">同性パートナーシップ証明、はじまりました。□渋谷区・世田谷区の成
9:.<meta refines="#title" property="file-as">ドウセイパートナーシップショウメイハジマリマ
ガタトテツヅキノホウホウ</meta>
10:
11:.<!--著者名-->
12:.<dc:creator id="creator01">エスムラルダ</dc:creator>
13:.<meta refines="#creator01" property="role" scheme="marc:relators">aut</meta>
14:.<meta refines="#creator01" property="file-as">エスムラルダ</meta>
15:.<meta refines="#creator01" property="display-seq">1</meta>
16:
17:.<dc:creator id="creator02">KIRA</dc:creator>
18:.<meta refines="#creator02" property="role" scheme="marc:relators">aut</meta>
19:.<meta refines="#creator02" property="file-as">キラ</meta>
20:.<meta refines="#creator02" property="display-seq">2</meta>
21:
22:.<!--出版社名-->
23:.<dc:publisher id="publisher">ポット出版</dc:publisher>
24:.<meta refines="#publisher" property="file-as">ポットシュッパン</meta>
25:
26:.<!--言語-->
27:.<dc:language>ja</dc:language>
28:
29:.<!--ファイルid：JP-eコードを記入-->
30:.<dc:identifier id="jpecode">78085148000000000000</dc:identifier>
31:
32:.<!--更新日-->
33:.<meta property="dcterms:modified">2015-12-07T12:01:53Z</meta>
34:
```

メタデータというのは、「データについてのデータ」という意味なのだが、EPUBの場合は、EPUBデータの塊に入っているopfファイル（拡張子が.opfのテキストファイル）にかかれているもの、と思っていい。このファイルには、書名・著者名・出版者名・EPUB IDといったものを書く。

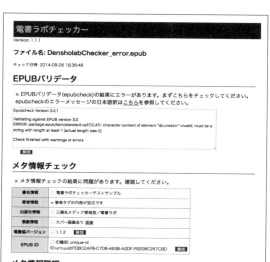

これらも間違いがないよう、正しい情報が埋め込まれているか、校正しておく必要がある。

メタデータの「EPUB ID」は、他のEPUBとかぶらなければどんな文字列をあててもかまわない、とされている。だがぼくは、先にも書いたように、今後日本の出版業界で普及の可能性が最も高いJP-eコードを使っておくべきだと思っている。JP-eコードが普及していけば、EPUBに埋め込まれたメタデータ、電子取次などで利用する資料のコード・出版社の管理コードが、一気通貫してくれるようになる。

しかし、電子書籍を読むためのビューアソフトでは、本文の表示のされ方などをチェックすることはできても、メタデータを読むことはできない。メタデータも何とか簡単にチェックする方法をつくりたいと、電書ラボで実現させたのが「電書ラボチェッカー」だ。【図表12】
これを使って簡単に、EPUBに埋め込まれているメタデータの「タイトル、著者名、出版者名」を校正することができる。「見出しテンプレート」とあわせて、こちらもぜひ使ってみてほしい。

【図表12】
電書ラボサイトで利用できる、EPUBチェッカー。

電子書籍の
流通・販売を
どうするか

●直接取引か、電子取次を介するか

電子書籍を売ってくれるのは電子書店で、主な電子書店はAmazon Kindle・honto・BookLive!・Apple・楽天Kobo・Googleだと前述したが、実は電子書店の数は意外に多い。書籍・雑誌・マンガまであつかう総合書店に限っても、40店以上はあるだろうか。

「電子書籍情報まとめノート（http://www7b.biglobe.ne.jp/~yama88/index.html）」というWebサイトがある。この本の後半の資料ページにも、サイトの主宰者に協力してもらい、データを使わせてもらったが、このサイトは電子書籍の現状を把握するのにとても便利だ。ここに電子書店の一覧が掲載されている。【図表13】

出版社としては、つくった電子書籍を多くの電子書店で販売する状態にしておきたい。当たり前だが、紙本と同じで販売される場所が多いほうが、売れる確率は高くなるのだから。
では、どうやって電子書店で、電子書籍を販売してもらえるのか。
それには二種類の方法がある。電子書店と直接取引をするやり方と、電子取次からさまざまな電子書店に「卸して」もらうやり方の二つだ。

ポット出版が現在、直接取引している電子書店は、AppleのibookストアとGoogleブックス・楽天Kobo。他の電子書店へは、電子取次のひとつ、MBJを介して配信・販売している。
ちなみに、Amazon Kindleは、ポット出版で直接取引を申し込んだら、「電子取次を介してほしい」と断られてしまった。Amazon Kindleが電子書籍の直接取引をしているのは一部の大手出版社だけのようだ。確認したわけではないが、Amazonのやり方は、コミックのような売れるものは直接取引で利益率を大きくし、検品などで手間がかかり、利益率の低いものは電子取次にその手間を負担させるという方針なのだ

ろう。

よく、「紙本は物流が必要だが、電子書籍はデータのやりとりだけで物流が不要だから取次などいらない」とか「中抜きがいい」といった論調が見られるが（もちろん出版社もいらないという論調も多い）、Amazon Kindleはその真逆の方針だ。物流のともなう紙本はe託で出版社との直接取引を推し進めようと一生懸命働きかけているが、電子書籍は取次を介すようにしているのである。

なぜこのような方針をとっているのか。
その背景には、「データの検品」という事柄が隠れていると思う。
紙本の納品物は現物の本だ。対して電子書籍の納品物はデータだ。データにミスがあると、読むことすらできなくなる場合がある。よって「データの検品」をして、ビューアで表示ができるかたしめる必要がある。こうした「データの検品」やその修正は、手間とコストがかかる。
Amazonとしてはちゃんと売れるデータになったものをもらいたいわけだ。
つまり、コストのかかる検品や修正は取次に任せたい。そこで検品させて、データに問題が見つかったら、電子取次と出版社のあいだで修正させる。これがAmazon Kindleの考え方だと思う。

【図表13】
「電子書籍情報まとめノート」に掲載されている電子書店一覧の一部。電子書籍を読者に小売する電子書店は雑誌やコミック限定出版社直営書店などもすべて含めると、97社にのぼる。（2017.11.14現在）

こうした状況を踏まえると、小零細出版社は電子取次を介して、できるだけ多くの電子書店にアミをかけて販売してもらうようにしておく、というのが現実的だ。ポット出版でも直接取引をしている電子書店があると先に述べたが、それはそれぞれの契約内容や配信のやり方などを知っておきたかったからで、今となっては、すべて電子取次に任せたいと思っている。

●紙本の取次と電子書籍の取次は、どう違うか

それでは、電子取次のうち、どこと、どのようにして取引きをするのがよいのだろうか。
結論的には、電子取次はどこもあまり変わりはないので、どこでもいいのだが、一つの電子取次と取引きするのがよい、というのがぼくの判断だ。
理由は、第一に、配信先が少ないほうが作業が少なくてすむこと。
電子書籍配信において出版社がやらなければならない作業は、EPUBファイルと書誌情報を、電子取次(や直接取引する電子書店)のFTPサーバーなどにアップロードすること。
たいした作業ではないけれど、書誌情報の仕様は「それぞれ」の電子取次・電子書店ごとに微妙に違うので、取引先の電子取次・電子書店の数だけの種類をつくらなくてはならない。
ちなみに、出版社が協同で運営し、ポット出版も加入する版元ドットコムでは、紙本の書誌情報を利用して、簡単に電子書籍用の書誌情報をつくれ、しかも電子取次に直接配信できるようなシステムを計画中だ。

第二に、売上報告が1つにまとまってくるほうが、印税支払いなどのための集計作業が比較的楽なこと。
電子書籍の販売をしている出版社から上がる声で意外に多いのは、売上の集計作業の煩雑さだ。
電子取次・電子書店の売上報告データに、タイトルを特定するための一意のIDナンバー(ISBNのようなもの)が入っていれば集計がらくなのだが、それがついていなかったり、電子取次独自のナンバーがついていたりする。
電子取次・電子書店から送られてくるデータは、だいたいエクセルの表になっているので、人間が見るだけなら「きれい」にレイアウトされ

ているが、それを統合して、全体の売上を集計するには手こずるデータなのである。
これも版元ドットコムシステムで、自動的に整えるシステムを計画している。【図表14】

電子取次を選ぶときの一番のキモは、電子書籍を多く扱う大きな電子書店は必ず押さえるということだ。
つまり、Amazon Kindle・honto・BookLive!・Apple・楽天Kobo・Googleあたりと取引きがある電子取次と取引きをすればいいということになる。
ではその取次はどこか、という話になるわけだが、まず知っておきたいのは、紙本と電子書籍では取次と書店との関係に大きな違いがあるということだ。

紙本の場合は、取次ごとに取引きできる書店がだいたい分かれている。
だから、日販・トーハン・大阪屋栗田くらいと取引きしておかないと、全国の書店へ本を流通させづらい（仲間取引というやり方も一応あるが）。
対して電子書籍の場合は、主要な取次は、それぞれほぼすべての電子書店と取引きがある。
つまり、どこか一つの電子取次と取引きしておけば、ほぼすべての電子書店に流通させることが可能となるわけだ。
電子取次の主な三社を紹介しておくと、

【図版14】
版元ドットコムの会員出版社システムの「営業データ統合ツール」の画面。
現在は紙の本の倉庫（現在は大村紙業のデータだけに対応）の出庫データ、紀伊國屋「パブライン」・丸善ジュンク堂「POSDATAうれ太」・アマゾン「ベンダーセントラル」の実売データを統合して蓄積しておける。

一つめは、MBJ（Mobile Book.jp モバイルブックジェイピー）。二つめは、出版デジタル機構。三つめは、出版デジタル機構の株の過半数を取得して子会社化したメディアドゥ。ただし、メディアドゥは主にコミック中心と言われているので、小零細出版社はMBJか出版デジタル機構のどちらかを選べばいい。
どちらでもほぼすべての電子書店に流通させることができる。

●正味の実態はどうなっているか
電子取次から出版社に入金される正味は、だいたい50％前後が一般的ではないだろうか？　ポット出版の場合もそんなあたりだ。紙本の常識と比べると正味は少し低い。
これは「良い・悪い」といってもあまり意味がないかなと思っている。市場でそうした「相場」が形成されているのだから。
また、出版社―電子取次―電子書店の契約・正味は、それぞれの出版社ごと、それぞれの書店ごとの交渉事になる（まあ、これが本来の市場経済ということだろう。そして小零細出版社の場合、交渉の余地が少ないのが現状だと思う）。

●販売価格はどうつけるか
電子書籍の販売価格は、どのくらいの値段をつけるのがよいだろうか？
当然、正解はない。同時に発行する紙本の価格とのつりあいを考えて決めるのもいいだろうし、紙本とはまったく別の商品と考えて、売れるだろうと思う価格をつけるのもあり。価格はその社やその商品の販売戦略の一番のキモと言える。
現実に、紙本と同額にしている出版社もいるし、紙本より安い価格にしている出版社も多い。

ポット出版では、それほどの戦略もなにもないので、「紙本の価格（ポット出版は紙の本も価格拘束のない非再販としているので、定価ではない）の80％の切り捨て」を電子書籍の価格にしている。
「1,600円＋税」の紙本の電子書籍なら、1600円×0.8＝1,280円を百円単位で切り捨てて→1,200円＋税といった具合だ。

●電子書籍は再販対象商品ではないとされている
価格をどうするかの前提として、公正取引委員会が電子書籍は再販対象ではないという見解を公表していることは知っておきたい。
なので、電子書籍に対しては出版社が価格拘束できないという考えのもと、電子取次・電子書店の契約が成立している。

とはいえ、「再販商品ではない」とされていても、実際にはAmazon Kindleを含めてほとんどの電子書店では出版社の希望小売価格で電子書籍が販売されているのが実情ではある。
販売価格そのものに電子書店が独自の価格をつけるのではなく、一時的なキャンペーン価格で割引がされているだけである。

●割引キャンペーンの負担はどこがする？
そこで、その割引キャンペーンの原資はどうなっているのか。出版社の受取金額で以下に示しておく。

希望小売価格1,000円、電子取次の正味が50％の場合
　　・希望小売価格のまま販売しているもの（通常の場合）
　　　1,000円×0.5＝500円　が出版社への入金金額
　　・20％OFFのキャンペーン価格（割引で販売された場合）
　　　1,000円×0.8（割引率）×0.5＝400円　が出版社への入金金額
つまり割引額の200円のうち、100円を出版社で負担し、残りの100円は電子書店と電子取次が負担するということになる。
結果としては出版社への入金額が減るわけだから、電子書店の割引キャンペーンがおこなわれる場合、「キャンペーンに参加しますか？」と事前に承諾を求めるメールが、けっこう頻繁にくる。
ポット出版はこうした割引キャンペーンには積極的に参加している。
電子書籍の売上を増やすためには、販売サイトで読者の目に触れさせることが大切だ。キャンペーン期間中は電子書店の目立つページに表示されることもあり、読者の目に触れる機会が増える。実際に売上データを見ても、割引キャンペーンには一定の効果があると思う。
さらに電子書店が付加するいわゆる「ポイント」については、あくまでその電子書店の負担でおこなわれていて、出版社の負担は聞いたことがない。

電子書籍の
著作権契約と印税を
どう設定するか

●著作権契約は紙本と区別して設定する

紙の本の著作物利用契約(単なる利用契約だけでなく、出版権設定契約もあるのだが)と、電子書籍を販売する契約は、それぞれ明確に区別して契約する必要がある。

紙の本は利用権、電子書籍は公衆送信権、と利用する権利の内容が異なるからだ(一つの契約書に紙の本のことも、電子のことも併記してかまわないが)。

電子書籍の販売契約書は、日本書籍協会(書協)とユニ著作権センターがひな型をつくっている。ポット出版はユニ著作権センターのひな型をベースに、一部書き換えて利用している。

ところで、この電子書籍の契約とは別に、電子図書館への販売についても個別許諾を受ける必要があるかどうか、という問題がある。

電子書籍の販売契約をしておけば、電子図書館への販売契約にも適用できる、という立場と、電子図書館への販売契約は電子書籍の販売契約とは別に必要だという立場がある。

法的にはまだ判例がないので、どう解釈するのかという判断の問題になる。弁護士の意見も統一されていないようだ。

大手出版社は、電子図書館への販売に関しては、改めて連絡して了解を得る、と考えているところが多い印象だ。

ポット出版の場合は、電子書籍の販売契約をしている場合には、著作権者に連絡することなく、電子図書館での販売をしている。電子書籍の契約をしていれば電子図書館への販売もできる、という立場だ。

●印税率は何をベースにするか

電子書籍の印税は、実売印税でしかありえない。

紙本のように「刷り部数」という概念もなければ増刷もない。あくまで

実際にどれだけ売れたか＝ダウンロードされたか、という基準しかないのだ。
印税の計算根拠をどうするか、には二通りの考え方がありえる。
電子書籍の価格を元にするか、出版社への入金額を元にするか。
多くは入金額をベースにしている。
というのも、前述のような割引キャンペーンもあるので、価格をベースにした印税率を設定すると出版社の粗利が減る。割引には50％割引などもある。
この点も考慮して、著者へ支払う印税率を設定したほうがいいと思われる。

ポット出版では、「ポット出版への入金額の20％」を支払うという契約にしている。ほぼ販売価格の10％となるように設定している。
前出の「割引キャンペーン」の説明であげた例で言えば、希望価格で1ダウンロードと、20％割引で1ダウンロード売れた場合、出版社への入金額は500円＋400円＝900円。印税率はその20％だから、2ダウンロード分で、900円×0.2（印税率）＝180円（一冊あたり95円）になるわけだ。
印税率を入金額に対してではなく、希望小売価格の10％としている場合は、上記のように割引キャンペーンで値段が下がっても、印税は1,000円×10％×2ダウンロード＝200円となる。
ちなみに電子図書館で売れた場合の印税も、電子書籍販売の場合とおなじで、「ポット出版への入金額の20％」としている。

●印税の振込み最低金額を設けるか

もう一つ、電子書籍の印税で問題になるのは、著者への振込みの時期だ。
毎月振り込むほど売上はみこめない。
年一度にまとめても数千円、といったことも、今はまだある。

ポット出版では、年に一度は必ず売上の報告をする。そして振り込むのは累積の印税総額が1万円以上になった場合に限る、ということにしている。これについては、現在社内で最低振込み額を下げようかと再検討している。

というのも、1万円というのは販売価格が1,000円とすると、100ダウンロードに相当する。100ダウンロードという数字はなかなか達成されないことのほうが多く、何年も振り込みが発生せずに債務だけ増えて溜まっていくことになる。しかも、最近はインターネットバンキングなどを使えば振込み手数料も安くなるということもあるからだ。

電子図書館への
電子書籍の販売は
どうなっているか

●図書館で利用される電子図書館システムとは
電子図書館システムは、主要なもので3つのシステムがある。
・TRC-DL　図書館流通センター【図表15】
・LibrariE（ライブラリエ）　日本電子図書館サービス（JDLS）
・Over Drive Japan（オーバードライブ）　メディアドゥ

約1,700の自治体にある図書館のうちで電子図書館システムを導入しているのは、67自治体（『電子書籍情報まとめノート』2018年1月16日集計）。出版社からみれば、各電子図書館で1冊ずつ購入されたとしたら67冊売れる可能性があるということだ。

また約1,700自治体の運営する公共図書館の他に、大学図書館でも電子図書館の導入が始まっている。売り先は今後も増えていくだろう。

●電子図書館への販売方法にはどんなものがあるか
従来の販売方法の主流は、「永年」利用可能買切り型だった。
電子図書館は一度買うと、ほぼ期限なく保有＝貸出しできるというもの。この考え方は出版社から不満が多かった。

そこで、紀伊國屋書店・講談社・KADOKAWAでつくったJDLS（日本電子図書館サービス）が、同時にワンユーザー（一人のみ）に貸出可能で、2年間または52回を上限として貸出しできるモデルと、都度課金モデルと、ワンコピーマルチユーザーモデルを、ひとまとまりの販売方法のセットとして提案した。

この原型は、アメリカでつくられたオーバードライブのモデルに先行事例があった。

現在は、TRC-DLがこの方式も取り入れている。

整理すると、
・TRC-DL　永年利用可能買切りと、2年間か52回のどちらも選択

可能。
・LibrariE（ライブラリエ）　2年間か52回
・Over Drive Japan（オーバードライブ）　JDLSモデルに近いモデル
ということになる。

●図書館への販売価格をどうするか

次に価格はどうなっているか。
どの電子図書館システム提供社も、価格は出版社の希望そのままで図書館側に販売しているようだ。
価格は、一般読者向け電子書籍が紙の本の価格より低価格〜同額で販売されている例が多いのに対して、電子図書館向けは紙の本の同額〜二倍程度と、高めで販売されている例が多い。
ポット出版では、電子書籍価格の二倍の10円単位の切り捨てにしている。

●フォーマットは同じEPUBでOK

フォーマットは、現在はEPUBフォーマットの電子書籍であれば、どの電子図書館システムでも扱い可能だ。
EPUBフォーマット以前には、テキストファイルつきPDFフォーマットという特殊なフォーマットも利用されていたが、今はEPUBファイルさえつくっておけば、それで電子図書館システムへの配信ができるようになっている。
出版社からすれば、以前のように電子図書館向きの電子書籍をわざわざつくる必要がなくなって、制作の点からも効率よくなっている。
一般読者に販売する電子書籍とEPUBをつくれば、電子図書館へも販売できるようになっているのだから、電子書店へ

【図表15】
TRC-DLを利用している豊島区立図書館の電子図書館のサイト。

と同時に電子図書館への販売もするのがいいと思う。主要な電子取次であれば、対応可能だ。

公立図書館のなかで電子図書館を導入しているところはまだ少ないが、今後増えていく可能性はあることだし、新たな手間はいらないので決してムダな取り組みにはならないはずだ。

プリント・オン・デマンド＝POD
についても
考えておこう

●プリント・オン・デマンドのつくり方
電子書籍そのものの話ではないが、最近利用が少し増えてきているPOD（プリント・オン・デマンド）と電子書籍のことだ。
電子取次はPODの配信も行っており、将来的にはこのルートでのPOD販売が広がる可能性がある。

PODは、紙面をPDFにして、専用の印刷機で印刷する。
印刷機で印刷するというより、プリンタでプリントする、といった感覚だろう。
少部数印刷に向けて開発されているシステムで、200部程度以下の部数の場合に、印刷費用がオフセット印刷に比べて安くなる、というものだ。比較するのが「200部程度以下」のオフセットなので、もともと割高なものと比較しての話ではある。
でも、今後この分野もPOD印刷機の性能などがあがって、期待がもてる。
増刷はしたいが、200部未満の少部数の増刷になりそうだとか、全集・選集（ある巻だけ欠品になる可能性がある）などの場合は、POD作成も視野に入れておきたい。

POD印刷のためには、本の1ページごとの画像をひとまとめにしたPDFファイルが必要だ。
このPDFファイルのつくり方には二種類ある。
一つは、組版アプリのデータから、PDFファイルを書き出す方法。
この方法なら鮮明なページ画像を出力することができる。
二つめの方法は、本のページを1ページずつスキャニングして、それを一つのPDFファイルにするもの。これは、組版アプリのデータがない場合に行われる方法だ。

紙本をスキャニングする場合は、大元のデータをTIFF（ティフ）という形式、解像度は600〜1200dpi程度でつくっておくのがいい。
このスキャニングデータからフィックスの電子書籍をつくる場合は、TIFFから解像度を減らしたりしてJPEGをつくり、それをもとにEPUBをつくる。

●プリント・オン・デマンド本の販売方法
PODでつくった少部数の本の販売には、二つの考え方がある。
一つは、紙本とまったく同じように日販・トーハンなどの取次→書店／読者、という流通で販売する方法。通常のオフセット印刷にかわって、PODの印刷方法を使うというだけだ。

もう一つは、電子取次を使って販売する方法。ネットで注文を受けてから、PODでプリント・製本して販売する方法を、Amazon・honto・三省堂などで実施している。こちらは、PODでプリントできるカタチにしたPDFデータを、電子取次を通して事前にそれらの書店にあずけておいて、売れたときに精算する、というものだ。電子取次のMBJと出版デジタル機構は、いずれもPOD販売に対応している。
将来的にはこの方法がPODを普及させていくのではないかと思っている。

資料

資料

資料❶電子書籍の市場
資料❷電子書籍のフォーマット
資料❸電子書籍の販売所
資料❹電子書籍の販売状況
資料❺電子図書館
資料❻電子書籍契約を含んだ出版契約書

出版社が、電子書籍を検討するときに必要だと思う、
主に販売に関する資料を掲載した。
電子書籍の市場・売上の規模を紙の本と対比させたもの、
これまでつくられてきた電子書籍のフォーマットの種類、
電子書籍を販売している販売所＝電子書店、
主な電子書店の扱うタイトルや、大手出版社の電子書店の利用状況、
さらに、電子図書館の状況などである。
最後に、著者契約の一例としてポット出版で利用している
出版契約書を掲載。
これらの資料は電子書籍の市場などの状況を
俯瞰してみることができるので、参考になると思う。

資料の出所などについて
資料❶〜❹と❺の電子図書館一覧は、ウェブサイト「電子書籍情報まとめノート」が集約し、あるいは直接調査したものを管理人にお願いして利用させてもらった。
「東京の小さな印刷会社（組版メイン）で働いているDTPオペ」が、個人でコツコツ調べたり集約して、ネット公開しているもので、ほかではみられないものだ。
この本への掲載に際しては、利用の了解ばかりでなく、情報の更新、印刷用への図表のつくり変えにも協力してもらった。
　　電子書籍情報まとめノート
　　http://www7b.biglobe.ne.jp/~yama88/

資料❺電子図書館の電子図書館別所蔵点数・全電子図書館における出版者別所蔵点数は、株式会社カーリルの吉本龍司さん、ふじたまさえさんに協力いただいた。
全国の電子図書館サイトから電子書籍の書誌情報を抽出してもらい、そのデータを、著者が集計して作成したものを掲載している。
カーリルは、全国の図書館の蔵書情報と貸出し状況（いずれも紙の本）を、簡単に検索できるサービスを提供している。

　　カーリル
　　https://calil.jp/
ここに掲載した電子図書館の所蔵点数は、この本のために調査してもらったもの。

資料❻の契約書は、ポット出版で利用しているものを掲載したのだが、この契約書のベースは、ユニ著作権センターの「複製出版権・オンライン出版権同時設定型」で、ポット出版での利用形態に即して一部修正したものだ。
ユニ著作権センターでは、ウェブサイトで3種類のひな型を公開している（いずれもPDFファイル）。修正・編集可能なテキストデータ（ワードファイルのみ）は会員限定で提供している。会員制度の詳細についてはサイトをみてほしい。また、著作権全般に関する情報提供や、著作権相談もある。
　　ユニ著作権センター
　　http://jucc.sakura.ne.jp/

資料❶
電子書籍の市場

●インプレスの調査による、電子出版の市場規模（2017.11.20更新）

インプレス総合研究所によると、2016年度の日本の電子出版市場規模は2278億円。電子書籍が1976億円、電子雑誌が302億円。全体の71%をコミックが占める。

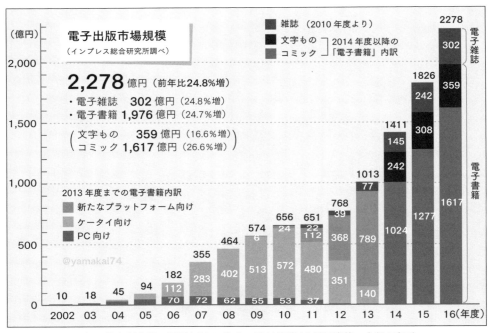

※インプレス総合研究所の資料をもとに作成。2014年度より電子書籍の内訳を変更

●出版科学研究所の調査による電子出版の市場規模

出版科学研究所によると、2016年の日本の電子出版市場規模は1909億円。前年比27.1%増。（インプレスは4～3月期、出版科学研究所は1～12月期の調査）

紙と電子の市場をトータルでみると、2016年は前年比0.6%減にとどまる。電子の割合は出版市場全体でみると1割ほどだが、コミック市場では高い存在感に。

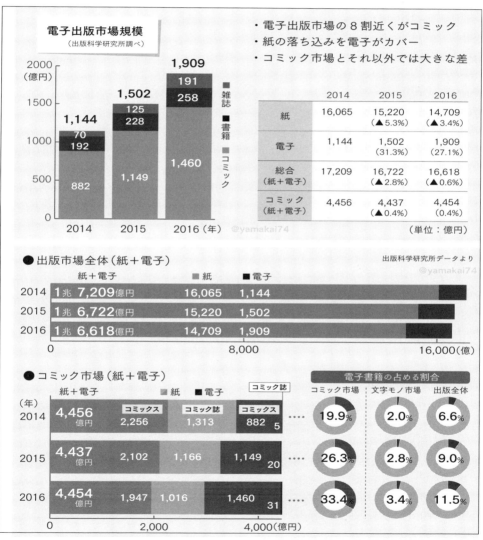

※出版科学研究所の資料をもとに作成
※出版科学研究所の資料や「出版指標年報2016年版」をもとに作成
※コミック市場は紙と電子それぞれの「コミック誌」と「コミックス（単行本）」の合計

資料❷
電子書籍のフォーマット

●主要な電子書籍のフォーマット
フォーマットを大きく分けるとリフロー型（テキスト系）、フィックス・固定レイアウト型（画像系）、アプリ型の3種類。それぞれに得意分野がある。

●EPUB
米国の標準化推進団体IDPFが策定したフォーマット「EPUB」
- Webと同じくXHTMLとCSSで構成されている
- ライセンス契約などが必要ないオープンなフォーマットなので、個人でも作成可能
- 最新バージョンのEPUB 3.0で、縦書きやルビの表示などに対応

●AZW
アマゾンの独自フォーマット「AZW」
- 基本はXHTML + CSS
- ベースとなっているのはMOBI形式。MOBIにDRMをかけたものがAZW
- HTMLやEPUBをMOBI形式に変換できるツール「Kindle Previewer」が提供されている

●.book
ボイジャーの独自フォーマット「.book」
- 縦書き、ルビ、禁則処理など日本語特有の表現に対応（HTMLベース）
- 作成するにはライセンス契約が必要
- PCで閲覧するには「T-Time」が必要（無料、Win・Mac対応）

●XMDF
シャープの独自フォーマット「XMDF」
- 縦書き、ルビ、禁則処理など日本語特有の表現に対応（XMLベース）
- 「次世代XMDF」は、見出しや図のレイアウトを維持したまま文字サイズの変更が可能
- PCで閲覧するには「ブンコビューア」が必要（無料、Winのみ対応）

●ebi.j
- イーブックイニシアティブジャパン開発のフォーマット「ebi.j」
- eBookJapanの電子書籍フォーマット。主にコミックで採用。閲覧は専用アプリにて

●pdf
- 最も汎用性の高いフォーマット「PDF」

- PC（Win/Mac）だけでなく、iOS、Androidどの端末でも閲覧できる
- 違法コピーが問題になるので、電子書店でPDFをそのまま販売するケースは少ない

● key
アイドック社開発のDRM機能付きPDFフォーマット「KeyringPDF」
- 「最初にアクティベーションが行われたPC」でしか閲覧できない
- Windowsのみ対応

● bookend
アイドック社開発のDRM機能付きPDFフォーマット「bookend」
- ブラウザ内で閲覧する「オンライン閲覧」と「ダウンロード閲覧」の2つの方法
- ダウンロード閲覧の場合、閲覧・書庫アプリを使用しWeb書庫に保管、2台で共有可

● app
アップルのAppStoreにて販売されている単体書籍アプリ
- 本の中身（＝コンテンツ）とビューワーをパッケージ化、1冊の本として売る
- 1冊1アプリなので、冊数が多くなると管理も大変
- アプリ開発環境としてXcodeとiPhone SDKが必要（Macが必要）

リフロー系	EPUB / AZW / XMDF / .book	読者が**自由に文字サイズなどを変えられる。** （文字サイズを拡大縮小すれば**ページ数も変化する**＝リフローする） そのため、小さな画面でも可読性を損なわない。 雑誌のような複雑なレイアウトを再現するのは難しい。 ［適しているもの］　文芸書、ビジネス書など**テキスト主体の書籍**
画像系	ebi.j / PDF / KeyringPDF / bookend	雑誌のような**複雑なレイアウトでも表現**でき、見た目を固定できる。 制作の手間が比較的簡単ですむ。 画像データなのでデータサイズは大きくなりがち。 文字が小さい場合、拡大＆スクロールを読者に強いることになる。 ［適しているもの］　雑誌、図版が多い書籍、マンガ、写真集
アプリ	アプリ / アプリ	映像や音楽なども埋め込むことができ、**よりリッチな表現が可能**。 その反面コストや制作時間がかかる。 OSが限定されてしまう。何年先まで読めるのかという不安も。 ［適しているもの］　何でもよい、アイディアしだい

（注）最新バージョンのXMDF3.0、EPUB3.0では動画や音声の埋め込みも可能に。
　　※EPUBなどでも画像系（フィックス・固定レイアウト）は可能
　　※国内ではボイジャーの「.book」とシャープの「XMDF」が主流だったが、
　　　「EPUB」がバージョン3.0で縦書きに対応して以降、国内でもEPUBが主流になった
　　※iPadが登場した2010年には「アプリ型」の電子書籍に注目が集まった

資料❸ 電子書籍の販売所

●総合ストア（2017.11.14更新）

運営会社	サイト名	開始年月日	主な特徴
紀伊國屋書店	Kinoppy	2010.12.10〜	紙本とポイント共通
大日本印刷×ドコモ	honto	2010.11.25〜	紙本とポイント共通
凸版印刷	BookLive!	2011.2.17〜	三省堂書店と連携
シャープ	GALAPAGOS STORE	2010.12.10〜	ブラウザビューア有
ソニー	Reader Store	2010.12.10〜	ブラウザビューア有
楽天	楽天Kobo電子書籍ストア	2012.7.19〜	楽天ポイント対応
EIJ	eBookJapan	2000〜	コミックに強い
KADOKAWA	BOOK☆WALKER	2010.12.3〜	他ストアと本棚共有も
アマゾン	Kindleストア	2012.10.25〜	1クリックで購入可
アップル	iBooks Store	2013.3.6〜	Mac(10.9〜)搭載
グーグル	Google Playブックス	2012.9.25〜	ブラウザ閲覧可能
Yahoo!	Yahoo!ブックストア	2011.11.2〜	ブラウザビューア有
ボイジャー	BinB STORE	2011.12.8〜	ブラウザビューア
パピレス	電子書店パピレス	1995〜	Reader対応も
日本電子書籍出版社協会	電子文庫パブリ	2000.9.1〜	Reader対応も
NTTソルマーレ	コミックシーモア	2004.8〜	読み放題やレンタルも
トーハン	Digital e-hon	2012.2.14〜	医学文献記事も多数
未来屋書店	mibon	2013.8.1〜	未来屋書店で決済も
セブン&アイ	7netショッピング	2012.3.1〜	ポイント対応
リクルート	ポンパレeブックストア	2013.11.1〜	リクルートポイント可
NTTドコモ	dブック	2011.11.18〜	ドコモ以外もOK
ヨドバシカメラ	ヨドバシドット・コム電子書籍ストア	2015.3.25〜	ポイントが使える
パピレス	Renta!	2007.4〜	レンタル制
NTTぷらら	ひかりTVブック	2012.11.13〜	雑誌読み放題も可
TORICO	漫画全巻ドットコム	2012.11.19〜	一般書籍も多数
ドワンゴ	ニコニコ書籍	2011.4.7〜	B☆Wと連携
フジテレビ	フジテレビオンデマンド	2015.2.2〜	コミック中心
DMM.com	DMM電子書籍		アダルト多し
U-NEXT	BookPlace	2014.4.15〜	雑誌は読み放題
U-NEXT旧東芝	BookPlace	2013.4.4〜	ブラウザビューア有
学研グループ	Book Beyond	2014.4.2〜	学ぶ＋知る＋育む
ヤマダ電機	やまだ書店	2014.10.29〜	ヤマダポイント使える
メディアドゥ	スマートブックストア	2012.12.22〜	
大学生協事業センター	VarsityWave eBooks	2013.5.1〜	学術専門書も

運営会社	サイト名	開始年月日	主な特徴
ZITTO	いつでも書店	2012.12.1〜	ヴィレヴァン提携
MobileBook.jp	どこでも読書	2011.7.5〜	スマホ引き継ぎ
日本エンタープライズ	BOOKSMART		首都圏書店と連携も
ネオ・ウィング	Neowing eBooks	2012.11.15〜	通販サイト
大和リビング	HeartOne Books	2015.10.7〜	ポイント制
大和リビング	D-room Books	2015.8.26〜	入居者向け読み放題

● 雑誌ストア（2017.11.14更新）

運営会社	サイト名	定期購読の有無
電通	マガストア	定期購読あり
富士山マガジンサービス	Fujisan.co.jp	定期購読あり
ZITTO	雑誌オンライン.COM+BOOKS	定期購読あり
ZITTO	雑誌オンラインEX	定期購読あり
米デジタル雑誌最大手	Zinio	定期購読あり
アップル	Newsstand	定期購読あり

● 定額読み放題サービス（2017.11.14更新）

運営会社	サイト名	開始	特徴
KADOKAWA	マガジン☆WALKER	2016.12.5〜	雑誌
楽天	楽天マガジン	2016.8.9〜	雑誌
アマゾン	Kindle Unlimited	2016.8.3〜	全ジャンル
NTTドコモ	dマガジン	2014.6.20〜	雑誌
ソフトバンク	ブック放題	2015.6.24〜	雑誌・マンガ
KDDI	ブックパス	2012.12.3〜	全ジャンル
ソフトバンク	ビューン	2010.6.1〜	雑誌
オプティム	タブホ	2014.11.19〜	雑誌
エムティーアイ	yomel.jp	2011.4.28〜	小説・マンガ

● コミック配信ストア（2016.10.30更新）

運営会社	サイト名	開始	特徴
デジタルカタパルト	ソク読み	2009.12〜	ストリーミング配信
アニメイト	ブックストア	2014.7.7〜	店舗とポイント共通
アムタス	ekubostore	2013.11.18〜	ブラウザビューア
LINE	LINEマンガ	2013.4.9〜	スタンプ付き作品も
小学館	eコミックストア	2017.3.1〜	小学館公式サイト
オリコン	オリコンミュージックストア	2017.3.2〜	
楽天	楽天マンガ	2016.4.20〜	楽天ポイント貯まる
GEO	電子貸本GEOマンガ	2016.12.7〜	レンタル店舗決済
集英社	少年ジャンプ＋	2014.9.22〜	電子版ジャンプも
講談社	週刊モーニング	2013.5.16〜	月額制

※ コミックシーモア、漫画全巻ドットコムなどは総合ストア

● 出版社直営ストア（2017.11.14更新）

運営会社	サイト名	開始年月日	主な特徴
幻冬舎	幻冬舎プラス	2013.11.12〜	ブラウザビューア
日本経済新聞社	日経ストア	2013.5.21〜	日経
銀の鈴社	銀の鈴社電子ブックストア	2013.11.22〜	児童書・絵本
杏林舎KaLib」	KaLib	2012.5.1〜	学術専門書
新日本法規出版	eBOOKSTORE	2012.3.26〜	法律書
ぎょうせい	ぎょうせいオンライン	2014.6.30〜	Bookend形式
デアゴスティーニ	デアゴスティーニ書店	2012.5.16〜	コレクション
白泉社	白泉社enet	2013.4.2〜	book-in-the-box利用
三笠書房	三笠書房ブックストア	2013.6.1〜	book-in-the-box利用

● 出版社直営ストア・DRMフリーで販売しているストア（2017.11.14更新）

運営会社	サイト名	開始年月日	主な特徴
技術評論社	GIHYO DIGITAL PUBLISHING	2011.8.29〜	技術書 EPUB/PDF
ディスカヴァー21	Discover	2011.9.20〜	ビジネス書 EPUB
明治図書出版	明治図書ONLINE	2014.7.31〜	教育書 EPUB/PDF
出版8社「ブックパブ」	ブックパブ	2011.6.20〜	PDF
達人出版会	達人出版	2010.11.1〜	技術書 EPUB/PDF
オライリー・ジャパン	O'RELLY Ebook	2008.12.24〜	技術書 EPUB/PDF
オーム社	オーム社 eBook Store	2010.11.18〜	技術書 PDF
マイナビ	978 Store		EPUB/PDF
マイナビ	マイナビBOOKS		EPUB/PDF
インプレス	インプレスブックス		PDF
翔泳社	SEshop		PDF
ラトルズ	Rutles		EPUB/PDF
日経BP社	ブックス＆テキストOnline		PDF
勉誠出版	E-BookGuide.jp		PDF
NPO法人「ratik」	ratik		EPUB/PDF

● 分野特化型ストア（2017.11.14更新）

運営会社	サイト名	開始年月日	主な特徴
マイナビ出版	くらしの本棚	2016.8.16〜	女性実用書（※）
マイナビ出版	TechBook Zone Manatee	2016.8.1〜	IT関連（※）
JTBパブリッシング	たびのたね	2014.10.1〜	旅情報（※）
共同印刷	自己ガク	2011.4.7〜	学びをテーマに
メテオ	メディカルオンライン・イーブックス	2014.10.20〜	医学書専門
医学系出版社	医書.jp	2016.6.6〜	医学書専門
山と渓谷社	図鑑.jp	2017.1.17〜	生物図鑑【定額制】
学研	学研DIY電子書籍ライブラリー	2017.8.24〜	DIY関連【定額制】

※）はDRMフリー

●サービス終了した主な電子書籍ストア（2011年以降）
　　　＊行末の……のあとは閉店時の対応
　　　　返金あり、統合・移行、などの対応があった場合は、その内容を記入
　　　　特に対応がなかった場合は、×とした
●2017年
YoMiPo【フォレスト出版】　'14.3 〜 '17.7.31……定額制
●2016年
本よみうり堂デジタル【読売新聞社】　'12.5 〜 '16.9.26…… ×
ダイヤモンドブックス等【ダイヤモンド社】　'10.4 〜 '16.5.31…… ×
Booky for Leopalace【レオパレス】　〜 '16.5.31……購入金額分のクーポン提供
エディオン電子ブックストア by Booky　'14.9 〜 '16.3.31…… ×
コープデリeフレンズ電子書店【コープ】　'12.5 〜 '16.3.18…… ×
●2015年
PDABOOK.JP【MobileBook.jp】　'01.12 〜 '15.11.30…… DRMフリー
BooksV【富士通】　'11.6 〜 '15.9.29……購入金額分のhontoポイント進呈
BookGate【廣済堂】　〜 '15.8.31…… ×
BookLive! for Toshiba【東芝】　'11.4 〜 '15.8.26……「BookLive!」と統合
YDC1000【有斐閣】　'12.4 〜 '15.3.31……新サイトにて形を変えて継続
MFラノベ☆コミック　〜 '15.3.31……「BOOK☆WALKER」と統合
学研電子ストア　'12.12 〜 '15.3.31……学研「BookBeyond」へ移行
●2014年
TSUTAYA.com eBOOKs　'11.6 〜 '14.12.31……「BookLive!」へ移行
日経BPストア【日経BP社】　'11.9 〜 '14.11……「日経ストア」に一本化
ヤマダイーブック【ヤマダ電機】　'12.12 〜 '14.7.31……不明
地球書店【NTTソルマーレ】　'11.1 〜 '14.3.31……購入額分のコミックシーモアポイント進呈
エルパカBOOKS【ローソン】　'11.7 〜 '14.2.24…購入金額分のPontaポイント返金
●2013年
Raboo【楽天】　'11.8 〜 '13.3.31…購入金額10％相当の楽天スーパーポイント贈呈
ソフトバンク ブックストア　'10.12 〜 '13.3.31…… ×
ビットウェイブックス【ビットウェイ】　'00.3 〜 '13.3.31…… DRMフリー
●〜 2012年
VOYAGER STORE【ボイジャー】　'00.9 〜 '12.9.30……「BinB STORE」と統合
SpaceTownブックス【シャープ】　'06.4 〜 '11.9.30…… DRMフリー

●上記のほかの、電子書籍アプリ、サービス
有斐閣判例六法Reading　〜 '16.11.30
honto for ニンテンドー3DS　'13.12 〜 '16.9.28
Book Village【SBクリエイティブ】　〜 '13.10.24
TOP BOOKS【ビッグローブ】　〜 '13.9.26
主婦の友社書店　〜 '12
PSP向けコミック配信サービス【ソニー】　〜 '12.9.30
NetWalkerライブラリー【シャープ】　〜 '11.9.30

資料❹
電子書籍の販売状況

●主な電子書籍ストアの蔵書数調査（2018.1.9更新）

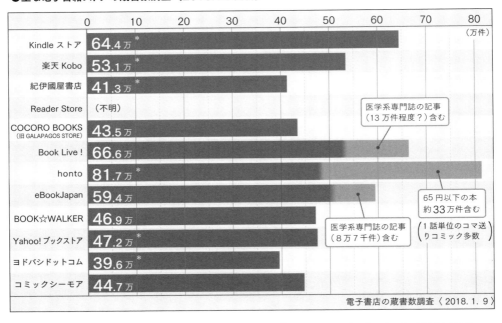

電子書店の蔵書数調査〈2018.1.9〉

注）サイト上に冊数の記載があればその数字を、記載のないストア（*印のもの）は独自に調査
- Kindleストアは、Kindleストア：Kindle本の数（検索結果はページ中ほどに）
- Koboストアは、電子書籍で検索した数字から洋書を引いてアダルト加えた数
- 紀伊國屋書店は、「出版年月190001 ～ 201801」の検索結果（セーフサーチOFF）の数
- hontoは、アダルト認証後、商品単位すべての「価格帯」の数を合計し、セット商品分を除いた数
- ヨドバシドットコムは、電子書籍で検索した数
- Yahoo!ブックストアは、書籍、コミック、雑誌、写真集、アダルトを合計した数（シリーズオフ）

注）Reader Storeは冊数の記載がなくなり、検索からも割り出せなくなった

●その他の特徴
- ebookjapanは「専門書　医学」の記事単位での販売が多数（巻別で8万7千件）
- hontoは「65円以下の本」が約33万件ある（その多くが1話単位コミック）
- BookLive!は「医学系専門誌」が6500件あり、それらの雑誌は記事単位での販売（1件平均20巻と仮定すると12万件）

●ストアの出版社別配信状況（2018.1.9更新）

	講談社	集英社	小学館（書籍）	小学館（コミック）	角川書店	新潮社	文藝春秋	中央公論新社	光文社	筑摩書房	岩波書店	PHP研究所	河出書房新社	幻冬舎	東京創元社	早川書房	NHK出版	KADOKAWAメディアファクトリー	ダイヤモンド社	主婦の友社	平凡社	双葉社	朝日新聞出版
Kindleストア	○	○	○	○	○	○	○	○	○	○	○	○	○	○	○	○	○	○	○	○	○	○	○
楽天Kobo	○	○	○	○	○	○	○	○	○	○	○	○	○	○	○	○	○	○	○	○	○	○	○
iBooks Store	○	○	○	○	○	○	○	○	○	○	○	○	○	○	○	○	○	○	○	○	○	○	○
紀伊國屋書店	○	○	○	○	○	○	○	○	○	○	○	○	○	○	○	○	○	○	○	○	○	○	○
Reader Store	○	○	○	○	○	○	○	○	○	○	○	○	○	○	○	○	○	○	○	○	○	○	○
COCORO BOOKS（旧GALAPAGOS）	○	○	○		○	○	○	○	○	○	○	○	○	○	○	○	○	○	○	○	○	○	○
Book Live!	○	○	○	○	○	○	○	○	○	○	○	○	○	○	○	○	○	○	○	○	○	○	○
honto	○	○	○	○	○	○	○	○	○	○	○	○	○	○	○	○	○	○	○	○	○	○	○
eBookJapan	○	○	○	○	○	○	○	○	○	○	○	○	○	○	○	○	○	○	○	○	○	○	○
Yahoo!ブックストア	○	○	○	○	○	△	○	○	○	○		○	○	○	○	○	○	○	○	○※	○	○	○
ヨドバシドットコム	○	○	○		○	○	○	○	○	○	○	○	○	○	○	○	○	○	○	○	○	○	○
コミックシーモア	○	○	○	○	○	○	○		○									○		○		○	
Book Place	○	○	○			○	○	△	○							○		○		○	○	○	○
BOOK☆WALKER	○	○	○	○※	○	○	○	○	○		○	○	○	○※	○	○	○	○	○	○	○	○	○

○ 配信あり　■ 配信なし　△ 限定的　※2017年本格配信開始　〈2018.1.9調べ〉

※ Yahoo!の新潮社はコミックのみ
※ BookPlaceの光文社は雑誌のみ29件

●ストアの出版社別配信状況の最近の動き
・BOOK☆WALKER、小学館のマンガ作品の配信開始（2017.12）
・Yahooブックストア、主婦の友社の本格配信開始（2017.12）
・BOOK☆WALKER、幻冬舎の配信開始（2017.2）
・BOOK☆WALKER、新潮社のコミック作品の配信開始、文芸作品は2月1日から（2017.1）

資料❺
電子図書館

●電子図書館の状況（2018.1.16更新）

名　称	都道府県	開始年月	システム	備　考
鹿嶋市電子図書館	茨城	'18. 1	DNP/TRC	
播磨科学公園都市圏域定住自立圏 電子図書館	兵庫	'18. 1	DNP/TRC	たつの市・宍粟市・上郡町・佐用町
かすかべ電子図書館	埼玉	'17. 12	DNP/TRC	
土浦市電子図書館	茨城	'17. 11	DNP/TRC	
ののいち電子図書館	石川	'17. 11	DNP/TRC	
高知県電子図書館	高知	'17. 10	DNP/TRC	
やはぱーく（矢巾町）電子図書センター	岩手	'17. 08	MD/OverDrive	
安城市電子図書館	愛知	'17. 06	DNP/TRC	
熊谷市立図書館電子書籍	埼玉	'17. 04	MD/OverDrive	
天塩町電子図書館	北海道	'17. 04	MD/OverDrive	
斑鳩町電子図書館	奈良	'17. 04	DNP/TRC	
日光市立電子図書館	栃木	'17. 04	DNP/TRC	
一宮市電子図書館	愛知	'17. 01	DNP/TRC	☆館内タブレット有
東根市電子図書館	山形	'16. 11	DNP/TRC	
大和市文化創造拠点電子図書館	神奈川	'16. 11	DNP/TRC	
東広島市立電子図書館	広島	'16. 11	DNP/TRC	
高石市立図書館電子書籍貸出サービス	大阪	'16. 10	DNP/TRC	
磐田市立図書館電子書籍サービス	静岡	'16. 10	DNP/TRC	
広陵町電子図書館	奈良	'16. 09	DNP/TRC	
加古川市電子図書館	兵庫	'16. 07	DNP/TRC	
守谷市電子図書館	茨城	'16. 06	DNP/TRC	
水戸市電子図書館	茨城	'16. 06	DNP/TRC	
TRC豊島電子図書館	東京	'16. 04	DNP/TRC	
みやしろ電子図書館	埼玉	'16. 04	DNP/TRC	
播磨町電子図書館	兵庫	'16. 04	DNP/TRC	
田川市電子図書館	福岡	'16. 03	DNP/TRC	
さいたま市電子書籍サービス	埼玉	'16. 03	DNP/TRC	
高砂市立図書館	兵庫	'16. 02	DNP/TRC	
豊川市電子図書館	愛知	'16. 02	DNP/TRC	
さくら市電子図書館	栃木	'16. 01	DNP/TRC	
北見市立図書館電子分室	北海道	'15. 12	DNP/TRC	
山中湖情報創造館	山梨	'15. 10	JDLS -LibrariE	
桶川市電子図書館	埼玉	'15. 10	DNP/TRC	

明石市電子図書館	兵庫	'15.10	DNP/TRC	
潮来市立電子図書館	茨城	'15.09	MD/OverDrive	
龍ケ崎市立電子図書館	茨城	'15.07	MD/OverDrive	
八千代市電子図書館	千葉	'15.07	DNP/TRC	
八代市電子図書館	熊本	'15.04	DNP/TRC	
苫小牧市電子図書館	北海道	'14.10	DNP/TRC	
札幌市電子図書館	北海道	'14.10	DNP/TRC	
筑西市電子図書館	茨城	'14.10	DNP/TRC	
小野市立図書館	兵庫	'14.10	DNP/TRC	
三田市電子図書館	兵庫	'14.08	DNP/TRC	
府中市電子図書館	広島	'14.07	DNP/TRC	
おおぶ文化交流の杜電子図書館	愛知	'14.07	DNP/TRC	
まつばら電子図書館	大阪	'14.07	DNP/TRC	
大田原市電子図書館	栃木	'13.12	DNP/TRC	
流山市立図書館 電子図書	千葉	'13.10	DNP/TRC	
赤穂市電子図書館	兵庫	'13.10	DNP/TRC	
志摩市立図書館 電子書籍	三重	'13.09	DNP/TRC	
浜田市電子図書館	島根	'13.08	DNP/TRC	
今治市電子図書館	愛媛	'13.08	DNP/TRC	
豊後高田市立図書館	大分	'13.06	DNP/TRC	
まんのう町立電子図書館	香川	'13.06	MD/OverDrive	★端末貸出も有り
高根沢町電子図書館	栃木	'13.05	DNP/TRC	
山梨県立図書館 電子書籍	山梨	'12.11	DNP/TRC	
秋田県立図書館	秋田	'12.10	経葉	
大垣市電子図書館	岐阜	'12.07	DNP/TRC	
徳島市電子図書館	徳島	'12.04	DNP/TRC	
綾川町電子図書館	香川	'12.04	DNP/TRC	
大阪市立図書館-電子書籍	大阪	'12.01	NetLibrary	
関市立図書館-電子書籍	岐阜	'11.11	NetLibrary	★端末貸出も有り
有田川 WEB Library	和歌山	'11.11	DNP/TRC	
武雄市MY図書館	佐賀	'11.04		
萩市電子図書館	山口	'11.03	DNP/TRC	
堺市立図書館 電子図書館	大阪	'11.01	DNP/TRC	※全国2番目
千代田Web図書館	東京	'07.11	i-NEO	※全国初

※現在、「武雄市MY図書館」の案内ページ、アプリとも消えている（2017年9月17日確認）
※まんのう町立電子図書館は16年5月、OverDrive採用しリニューアル

●電子図書館別所蔵点数（タイトルの重複あり）

図書館名	所蔵点数
さいたま市	7,872
赤穂市	7,526
豊川市	6,748
札幌市	6,392
松原市	6,152
明石市	5,693
北見市	5,663
筑西市	5,634
播磨町	5,337
八代市	5,329
高砂市	5,185
田川市	5,161
守谷市	5,081
八千代市	5,050
宮代町	4,924
豊島区	4,894
さくら市	4,893
磐田市	4,862
日光市	4,758
三田市	4,645
苫小牧市	4,488
水戸市	4,206
広陵町	4,107
斑鳩町	4,095
東根市	4,050
堺市	3,941
高石市	3,899
野々市市	3,000
豊後高田市	2,986
萩市	2,741
有田川町	2,324
山梨県立図書館	2,206
高根沢町	1,496
一宮市	1,486
徳島市	1,461
浜田市	1,433
大府市	1,224
加古川市	1,175
BICライブラリ	889
今治市	872
志摩市	724
綾川町	721
大田原市	682
山中湖村	595
安城市	415
府中市	394
東広島市	269
大和市	228
土浦市	227
桶川市	223
大垣市	209
小野市	107
流山市	54
総計	168,726

※カーリルが抽出したデータに基づいて、編集部が集計したもの
※電子図書館のウェブサイトからクロールでタイトル・出版社名などを抽出した。一部の電子図書館でデータをクロールで取得できなかった図書館があるが、全体の傾向をつかむためにそのまま掲載した
※BICライブラリは、機械振興協会の専門図書館

● 全電子図書館における出版社別所蔵点数（タイトルの重複あり）

	出版社・発行所名	所蔵点数
1	オールアバウト	68,843
2	青空文庫	40,317
3	グーテンベルク21	13,051
4	PHP研究所	3,967
5	朝日新聞社	3,830
6	東洋経済新報社	3,031
7	平凡社	2,742
8	豊後高田関連	2,477
9	岩崎書店	2,350
10	法研	2,166
11	すばる舎	2,052
12	KADOKAWA	1,538
13	銀の鈴社	1,192
14	誠文堂新光社	1,165
15	JTBパブリッシング	1,079
16	パンローリング	1,035
17	文藝春秋	1,016
18	講談社	976
19	アルク	644
20	不明	587
21	Macmillan	579
22	山と渓谷社	501
23	すばる舎リンケージ	456
24	KADOKAWA/角川書店	429
25	ブティック社	402
26	Pan Rolling	387
27	インプレスジャパン	374
28	デシベル	364
29	東京リーガルマインド	332
30	中西出版	332
31	教育出版センター	324
32	KADOKAWA/メディアファクトリー	321
33	ピクティオ（発行）	289
34	福音館書店	268
35	国書刊行会	237
36	丸善	218
37	モーニング	218
38	研究社	208
39	文一総合出版	198
40	主婦と生活社	193
41	機械振興協会経済研究所	181
42	共同文化社	163
43	朝倉書店	161
44	東京電機大学出版局	160
45	マガジンハウス	159
46	ヤック企画	154
47	柏艪舎	151
48	朝日学生新聞社	143
49	女子栄養大学出版部	143
50	ディスカヴァー・トゥエンティワン	140
51	労働新聞社	140
52	学研教育出版	137
53	世界日報社	131
54	ポット出版	126
55	YBM時事	126
56	ピクティオ	124
57	技術評論社	118
58	KADOKAWA/角川学芸出版	118
59	雷鳥社	116
60	KADOKAWA/中経出版	98
	その他・672社（全社732社）	5,249
	総計	168,726

※カーリルが抽出したデータに基づいて、編集部が集計したもの
※全国の電子図書館の蔵書を出版社別に集計したもの。同一タイトルが複数の電子図書館で蔵書されているものは、所蔵館数分カウントされていることに、注意
※電子図書館ごとに出版社名に揺れがあったので、編集部が統合している。例　株式会社オールアバウト→オールアバウト　Pan Rolling→パンローリング、など
※調査対象図書館　全53　　さいたま市／赤穂市／豊川市／札幌市／松原市／明石市／北見市／筑西市／播磨町／八代市／高砂市／田川市／守谷市／八千代市／宮代町／豊島区／さくら市／磐田市／日光市／三田市／苫小牧市／水戸市／広陵町／斑鳩町／東根市／堺市／高石市／野々市市／豊後高田市／萩市／有田川町／山梨県立図書館／高根沢町／一宮市／徳島市／浜田市／大府市／加古川市／BICライブラリ／今治市／志摩市／綾川町／大田原市／山中湖村／安城市／府中市／東広島市／大和市／土浦市／桶川市／大垣市／小野市／流山市

資料❻
電子書籍契約を含んだ出版契約書

(ポット出版で利用しているもの)

●出版契約書(別紙付属覚書を含む)

著作物の題号

著作者名　　　　　　　　(本名　　　　　　　)

著作権者　　　　　　　　を甲、出版者ポット出版を乙とし、乙が甲の上記著作物を文書または図画として複製して出版すること、および文書または図画として自動公衆送信装置によって送信可能化して出版することを引き受けることに関し、次のとおり契約(以下、「本契約」という。)を締結する。

第一章　基本条項

第1条(出版等に関する権利の独占的許諾)　甲は出版者である乙に対して、表記の著作物(以下、「本著作物」という。)を、紙、電子媒体その他のあらゆる媒体に機械的、化学的あるいは電子的その他のあらゆる方法を用いて独占的に複製し、日本国の内外を問わずその複製物を譲渡する方法をもって出版することを許諾する。
2　甲は、出版者である乙に対して、本著作物を自動公衆送信装置によって独占的に送信可能化する方法をもって出版することを許諾する。送信の及ぶ範囲は日本国の内外を問わない。
3　甲および乙は、前二項の許諾に以下の合意を含むことを確認する。
(1)　乙が本契約によって許諾された出版等の宣伝のために、必要最小限度において、無償で、本著作物を複製あるいは送信可能化して使用すること。
(2)　乙が、電子的利用における自動音声読み上げ機能によって本著作物を音声化して利用すること。

第2条(出版権の設定)　甲が乙に対して前条第1項および第2項の双方に関する独占的な許諾を与えたことにより、甲は、乙に対して、当該行為を引き受ける者として著作権法第80条第1項の各号に対応する出版権を設定したものとし、乙は当該権利を専有するものとして、自己の判断により、出版権を侵害する第三者に対して第112条以下に定める差し止め請求権等出版権を行使することができる。

第3条(複製、送信可能化の再許諾)　甲は、乙が第三者に対し、複製または送信可能化の再許諾をすることを承諾する。ただし、本契約書付属覚書又は追加して作成される文書(電子メールによるものを含まない。以下「文書」において同じ。)において再許諾の範囲と取り分が定めてある場合に限る。

第4条（甲の責任）　甲は、本契約の締結日までに乙に引き渡した原稿が、本著作物の完全な原稿（図形・美術・写真等が必要な場合には、それらを含む。）であることを保証する。
2　甲は、本著作物が他人の著作権等を侵害しないことを保証する。
3　甲は、本著作物に登場する人物または団体等が実名あるいはモデルとして実在するときは、本著作物中における改変・変形の度合に関わりなく、その旨を乙に事前に書面（電子メールによるものを含む。以下、「書面」において同じ。）により通知して説明する。
4　本著作物の校正に関しては甲の責任とする。ただし、甲は、乙に校正を委任することができる。
5　前項の場合において、甲の指示する修正増減によって、通常の制作費用を著しく超えた場合には、予定費用に対する超過額は甲の負担とする。ただし、甲の負担額・支払方法は、甲乙協議して決定する。

第5条（著作物の変更・増減）　乙が出版に適するよう本著作物の内容、あるいは表現またはその題号に変更を加える場合は、著作者の承諾を必要とする。また、著作者から正当な範囲内において修正増減の申入れがあれば、その時期、方法等について、甲乙は誠意をもって協議する。

第6条（第1条第1項の許諾に基づく乙の責任）　乙は、完全原稿を受領してから6カ月以内に、本著作物を第1条第1項の許諾に基づき複製物（以下「本書籍」という。）として、あらかじめ発行日を甲に書面により通知の上、発行する。ただし、次条に定める送信可能化の方法による出版が複製による出版より先行した場合は、その送信可能化の方法による出版の時から6カ月以内とする。やむを得ない事情があるときは、甲乙協議のうえ、発行日を変更することができる。
2　乙は、本書籍の希望小売価格・造本・発行部数・増刷の時期および宣伝・販売の方法を決定する。
3　乙は本書籍を、慣行に従い、継続して出版する義務を負う。増刷のつどあらかじめその部数を甲に書面により通知する。
4　乙が本著作物を本書籍以外の態様で複製・譲渡の方法による出版をする場合は、あらかじめ発行形態・発行日等を甲に書面により通知の上で行う。

第7条（第1条第2項の許諾に基づく乙の責任）　乙は、完全原稿を受領してから6カ月以内に、本著作物を第1条第2項の許諾に基づき送信可能化される電子書籍（以下「本電子書籍」という。）として、あらかじめ開始日を甲に書面により通知の上、送信可能化する。ただし、前条に定める複製の方法による出版が送信可能化の方法による出版より先行した場合は、その複製の方法による出版の時から6カ月以内とする。やむを得ない事情があるときは、甲乙協議のうえ、発行日を変更することができる。
2　乙は、本電子書籍の価格および宣伝・販売の方法を決定する。
3　乙は本電子書籍を、慣行に従い、継続して出版する義務を負う。
4　乙が本著作物を本電子書籍以外の態様で送信可能化の方法による出版をする場合は、あらかじめ発行形態・発行日等を甲に書面により通知の上で行う。

第8条（類似著作物の出版等）　甲および乙は、本契約の有効期間中に、本著作物と明らかに類似すると認められる著作物あるいは本著作物と同一書名の著作物を、複製・譲渡の方法による出版あるいは送信可能化の方法による出版をせず、同一シリーズ名を使用しない。また第三者に複製・譲渡の方法による出版または送信可能化の方法による出版をさせない。ただし、乙の事前の書面による許諾がある場合は、第三者に対し、その著作者の著作物のみからなる全集その他の編集物に収録して、複製・譲渡の方法による出版または送信可能化の方法による出版をさせることができる。

2　甲は自ら、本著作物の一部分であっても、これを複製・譲渡、または送信可能化する場合は（既に複製・譲渡、または送信可能化していて、これを継続しようとする場合も含む）、甲乙協議の上、事前に文書によって取扱いを決定しなければならない。

第9条（複写等）　本契約第1条第1項の許諾に基づき、乙が本著作物を電子媒体以外の方法による複製による出版をするに当たり、その版面を利用する複写・スキャニング・ＯＣＲ等に係る権利の管理を、甲は乙に委託する。複写（コピー）に係る権利（複写により生じた複製物の譲渡の権利および公衆送信の権利を含む）の場合、乙はかかる権利の管理を乙が指定する者に委託することができる。その場合、甲は、乙が指定した者が、その複製権の管理をその規約において定めるところに従い、再委託することについても承諾する。

第10条（貸与権）　本契約第1条第1項の許諾に基づき、乙が本著作物を電子媒体以外の方法による複製による出版をするに当たり、甲は、その貸与に関わる権利の管理を乙に委託する。乙はその管理を乙が指定する者に委託することができる。

第11条（乙による二次的使用等）　甲は本著作物の朗読使用や、翻訳・ダイジェスト・コミック化・演劇・映画・放送その他二次的使用について、乙が優先的に使用することを認める。乙はその使用に当たっては、具体的条件について甲と協議して決定する。
2　甲が前項の態様による著作物の使用につき第三者から申込みを受けた場合は，あらかじめその当事者、態様を特定して乙に書面により通知する。
3　乙が前項の通知を受けてから3カ月以内に本条第1項の権利を行使しなかった場合は、乙は以後その態様に関する権利を失う。

第12条（第三者による二次的使用等）　前条の規定に関わらず、本契約の有効期間中に、乙の発意と責任に基づいて出版される本著作物が第三者によって二次的著作物等に使用される場合、甲は付属覚書によって、乙にその運用を委任できるものとする。

第二章　経済条項

第13条（第1条第1項の許諾に基づく著作物使用料および支払方法等）　乙は本著作物を本書籍として発行するに当たり、甲に対して、次のとおり本著作物の使用料を、甲の指定する口座に振り込む方法で支払うものとする。振り込みの際の手数料は乙の負担とする。
　　　著作物使用料：一部につき本体価格の　　　　％
支払方法（Ａ、Ｂどちらかを選択）
Ａ：発行部数の場合
　　乙は上記著作物使用料に発行部数を乗じた額を、初版第1刷は発行月末締め、4ヵ月後の10日に支払う。第2刷以降も同じとする。
Ｂ：実売部数の場合
　　乙は、初版第一刷は実売部数分を、発行月3カ月後の月末締め、その40日後の10日に支払う。以降、毎年度末9月末締め、12月10日に実売部数分を支払う。このとき、（その締め日の実売部数－前回までの支払い部数）が100部未満のときは、その実売部数分の支払いを行わず次回の支払い時に合算して支払い、100部以上のときは100部単位で切り上げて支払う。第二刷以降は発行部数分を支払う。

支払い日は、発行月末締め、4カ月後の10日。このとき初版の残額を同時に清算する。また、甲は、発行部数の半分を、発行月の3カ月後の10日に内払いとして支払うことを申し出ることができる。乙はこの申し出を受けた場合、その額を支払う。
2 上記発行部数あるいは実売部数について、乙は甲より申し出があった場合には、その証拠となる書類の閲覧に応じなければならない。
3 本書籍の初版予定部数は　　　　　部、予価格は　　　　　円（消費税額を含む）とする。ただし、乙の責任において、増減できる。
4 納本・贈呈・批評・宣伝・業務等に使用した本書籍の部数100部については、著作物使用料の支払い対象数から除外する。
5 流通過程での破損・汚損および在庫調整などやむを得ない事情により廃棄処分となった本書籍の部数は、著作物使用料の支払い対象数から除外する。
6 本書を希望小売価格の20％を下回る料率で販売した場合は、乙への入金額の30％の著作権使用料を支払うものとする。
7 本書籍以外の態様で乙が本著作物を複製・譲渡の方法による出版をする場合（オンデマンド出版およびCD-ROM等の電子媒体による出版を含む）の著作物使用料および支払い方法は、甲乙協議の上、別途定める。

第14条（第1条第2項の許諾に基づく著作物使用料および支払方法等）　乙は本著作物を本電子書籍として送信可能化するに当たり、甲に対して、次のとおり本著作物の使用料を、甲の指定する口座に振り込む方法で支払うものとする。振り込みの際の手数料は乙の負担とする。
　著作物使用料：1ダウンロードにつき、乙への入金額の　　　　　％
　支払い方法：送信可能化開始後、毎年度末（9月）にその年のダウンロード数を報告し、上記著作物使用料にその数を乗じた額（契約時支払い額を超えた分）を12月10日に、消費税額を加算して支払う。
　（ただし、支払い金額が10,000円に満たない場合は、翌年に繰り越すこととする）
2 上記ダウンロード数について、乙は甲より申し出があった場合には、その証拠となる書類の閲覧に応じなければならない。
3 見本提示・批評・宣伝・業務用等にダウンロードした数は、著作物使用料の支払い対象数から除外する。
4 本電子書籍以外の態様で乙が本著作物を送信可能化の方法による出版をする場合の著作物使用料および支払い方法は、甲乙協議の上、別途定める。

第15条（費用の分担）　本著作物の著作に要する費用は甲の負担とし、制作・頒布・送信可能化・宣伝に要する費用は乙の負担とする。

第16条（贈呈部数等）　乙は、本書籍の初版第1刷の際に10部、増刷のつど2部を甲に贈呈する。
2 甲が寄贈や販売などのために本書籍を購入する場合は、次のとおりとする。
　　1～9冊　　希望小売価格（本体価格＋消費税）の30％引き
　　10～29冊　希望小売価格（本体価格＋消費税）の35％引き
　　30冊以上　希望小売価格（本体価格＋消費税）の40％引き
　乙に甲へ支払うべき著作物使用料がある場合は、それより差し引くことができる。
3 本電子書籍の送信可能化に際しての、甲に対する見本無償ダウンロードや、甲による割引き価格によるダウンロードについては、著作権保護技術の発展等を考慮して、甲乙協議してその方法を取り決めるもの

とする。

第三章　終了条項等

第17条（契約の解除）　甲および乙は、相手方が本契約の条項に違反したときは、30日以上の期間を定めて文書により契約の履行を催告し、この期間内に履行されない場合には、本契約の全部または一部を解除することができる。
2　前項にかかわらず、乙が以下の場合のときには、甲は催告なしに本契約を解除できるものとする。
（1）差押、仮差押、その他公権力の処分を受け、または会社整理、民事再生手続き、会社更生手続きの開始、破産、あるいは競売を申し立てられ、または自ら会社整理、民事再生手続、会社更生手続の開始、あるいは破産の申立をしたとき。
（2）自ら振出し、あるいは引き受けた手形、または小切手につき不渡り処分を受けたとき。
（3）その他資産、信用状態が悪化し、またはそのおそれがあると認められる相当な事由があるとき。
3　本契約の有効期間中に乙が本契約に基づいて第三者との間で契約を交わしていた場合において、本契約解除の原因が甲にあるとき、甲は、当該第三者との契約に関して、乙および第三者に対して契約の効力を否定することはできない。

第18条（契約の有効期間と更新）　本契約の有効期間は、契約締結の日に始まり、本書籍初版発行日と本電子書籍送信可能化開始日のうちの早い方から満2年間とする。
2　前項の規定に関わらず、本契約満了の3カ月前までに甲乙のいずれからも契約を終了する旨の文書による通知がない場合は、本契約は期間満了のときから1年間、本契約と同一条件で自動的に更新され、以後も同様とする。

第19条（在庫の販売）　本契約が終了したとき、乙は、著作物使用料の支払いを条件として、本書籍の在庫に限り販売することができる。

第20条（契約内容の変更）　本契約の内容について追加・削除その他変更する場合は、甲乙両者の合意のうえ、文書によって定めなければ効力を生じない。

第21条（契約の尊重）　甲および乙は、本契約に定めのない事項が生じたとき、または本契約の解釈について意見を異にしたときは、誠意をもってその解決にあたる。

上記の契約を証するため、同文　通を作り、甲乙記名捺印のうえ、各1通を保有する。

　　　　　　　　年　　　月　　　日

　　　　　　甲（著作権者）

　　　　　　　住　　所

氏　名

乙（出版者）

　　住　所

　　氏　名

●付属覚書

複製・送信可能化の再許諾、二次的（翻訳・翻案）使用

  著作物の題号

  著作者名　　　　　　　　　（本名　　　　　　　　　　）

著作権者　　　　　　　　　　を甲、出版者ポット出版を乙として両者の間で　　　年　　月　　日に締結された契約に基づき、乙の発意と責任に基づいて出版される表記の著作物（以下「本著作物」という。）の第三者による複製・送信可能化・二次的使用の運用については、甲と乙はこの付属覚書（以下「本覚書」という。）によるものとする。

第1条（複製、送信可能化の再許諾）本契約第3条により甲乙同意した、本著作物の複製および送信可能化の方法による出版の第三者への再許諾に関しては、その範囲は以下のとおり（削除したものは除く）とする。
  イ）単行本版、ロ）文庫版、ハ）新書版（ノベルス版を含む）、ニ）豪華特装版、ホ）大活字版、ヘ）個人全集版、ト）その他の全集版、チ）それ以外の版、リ）有形的電子媒体、ヌ）アンソロジー収録・教材や箴言集などへの抜粋転載等の部分的複製利用
 2　甲乙の取り分は都度、協議して決定するものとする。

第2条（第三者の二次的使用への委任の範囲と使用料の配分）本契約第12条の規定に基づき、甲は本著作物の下記の態様について、その運用を乙に委任するものについては○で囲み、委任しないものについては削除する。委任する項目を変更する場合は協議決定の都度、改訂した付属覚書を追加するものとする。

  ①朗読　　　　　　②放送・有線放送
  ③翻訳　　　　　　④ダイジェスト
  ⑤コミック・絵本化　⑥ノベライズ
  ⑦演劇化　　　　　⑧音声ドラマ化　　　⑨映像化
  ⑩ゲーム化　　　　⑪キャラクター商品化

 委任を受けた本著作物の第三者による使用の具体的条件については、甲と乙が協議して決定する。

2　前項により委任を受けた本著作物の使用による著作物使用料に関しては、協議決定の都度、付属覚書を追加するものとする。

第3条（乙の請求権）本覚書により、乙と第三者との間に成立した契約にもとづく乙の請求権は、甲乙間の本契約の終了にかかわらず、乙と当該第三者との契約期間中存続する。

「日本ユニ著作権センター 出版契約書ひな型2015」を元にポット出版で改定2016.4

電子書籍の制作と販売
出版社は、どう作り、どう売るのがいいか

2018年3月30日　第一版第一刷　発行
2022年3月30日　第一版第二刷　発行

著者・デザイン　沢辺均
発行　　　ポット出版
　　　　　150-0001　渋谷区神宮前2-33-18　#303
電話　　　03-3478-1774
ファックス　03-3402-5558
ウェブサイト　http://www.pot.co.jp/
メールアドレス　books@pot.co.jp

印刷・製本　シナノ印刷株式会社

ISBN 978-4-7808-0232-0 C0000　　©SAWABE Kin
※書影の利用はご自由に。

The Production and Sale of Digital Books:
How Publishers Can Make and Sell Them
by SAWABE Kin

First Published in Tokyo, Japan, Mar, 30, 2018
by Pot Publishing
#303 2-33-18 Jingumae, Shibuya-ku
Tokyo, 150-0001 JAPAN
http://www.pot.co.jp/
E-Mail: books@pot.co.jp
ISBN 978-4-7808-0232-0 C0000

沢辺均（さわべ・きん）
1956年東京生まれ。ポット出版代表。
1987年にデザイン事務所を立ち上げ、その後1989年にポット出版を設立。
1999年、出版社5社で版元ドットコムをつくり、書誌・書影情報のデータベース化、
ウェブサイトでの公開、書店・取次など業界各所への自動転送、
実売情報のデータベース化などに取組む。版元ドットコムは2006年4月に
有限責任事業組合となり、2018年2月現在の会員社は264社となっている。
2011～2014年3月、版元ドットコムから出向し、出版デジタル機構の設立に携わる。
現在、研究チーム・電書ラボ、JPO出版情報登録センター管理委員。
ポット出版における電子書籍の取組みは、2000年に.book（ドットブック）での
電子書籍出版を皮切りに、2012年からは、紙本とEPUBでの電子書籍の
新刊同時発行を始める。

本文●b7バルキー・A判・57.5kg（0.18ミリ）／1C スミ
表紙●OKACカード・ましろ・四六・T目・222kg ／ 1C TOYO10091 ／グロスPP加工
使用書体●筑紫明朝体・筑紫ゴシック体・ゴチックMB101
In designCC 2021　2022-0102-1.0(2.0)